Günter Jerouschek

»Er aber, sags ihm,
er kann mich im Arsch lecken«

IMAGO

Günter Jerouschek

»Er aber, sags ihm, er kann mich im Arsch lecken«*

Psychoanalytische Überlegungen zu einer Beschämungsformel und ihrer Geschichte

* J. W. v. Goethe, Götz von Berlichingen mit der eisernen Hand. Ein Schauspiel, 3. Akt, Erstfassung von 1771 (O.O. 1773, S. 1-205, hier S. 133).

Psychosozial-Verlag

Bibliografische Information der Deutschen Nationalbibliothek
Die Deutsche Nationalbibliothek verzeichnet diese Publikation in der Deutschen Nationalbibliografie; detaillierte bibliografische Daten sind im Internet über <http://dnb.d-nb.de> abrufbar.

E-Mail: info@psychosozial-verlag.de
www.psychosozial-verlag.de

Umschlagabbildung: Pieter Bruegel d. Ä., Darstellung eines niederländischen Sprichwortes, aus: Théâtre d´Amour (Emblemata amatoria), folio 88, um 1620.
Lektorat: Volker Tuchan
Satz: Katharina Appel / Christof Röhl
Printed in Germany
ISBN 978-3-89806-483-5

Inhalt

Vorwort

Das vorliegende Opusculum hat eine längere Geschichte. Eine erste Ahnung – mehr war es damals noch nicht –, dass sich hinter dem Götz-Zitat in seiner scheinbaren Selbstverständlichkeit die Geschichte einer historiographisch bemerkenswerten Verwerfung verbergen könnte, überkam mich erstmals Ende der 80er Jahre des vergangenen Jahrhunderts, als ich mich mit der Herausgabe einer Faksimile-Ausgabe des Malleus Maleficarum von 1486/87 befasste.[1] Hier stieß ich bei der Lektüre des lateinischen Originals in einem von Kramers Exempeln auf die ominöse Lesart des Götz-Zitats, auf die nachfolgend gebührend eingegangen wird. Auffällig an dieser Trouvaille war auch der Umstand, dass das Götz-Zitat hier nicht lateinisch, sondern in deutscher Umgangssprache wiedergegeben ist.

Etwas klarer begann ich zu sehen, als ich 1989 einen Vortrag für ein Symposion zu Ehe, Liebe und Sexualität im 16. Jahrhundert vorbereitete, das am Fachbereich Germanistik der Freien Universität Berlin vom 27.-30.9.1989

---

1 Jerouschek 1992a.

stattfand. Hierbei wurde ich auf mögliche Zusammenhänge mit dem mittelalterlichen Sexualdiskurs der Rechtstheologie aufmerksam. Nach und nach entstanden mehrere Fassungen, in denen ich diesen Zusammenhang zu vertiefen suchte. Zugleich ergaben sich Bezüge zur Kunstgeschichte, zur Anthropologie und zur Verhaltensforschung, die die Einbeziehung einer erweiterten Perspektive nahelegten. Diese Weiterungen ließen ein Ende der Arbeit an dieser sperrigen Thematik freilich in weite Ferne gerückt sehen, und so blieb das Manuskript verschiedentlich auch für mehrere Jahre liegen.

Vorfassungen gelangten an den Psychoanalytischen Instituten von Halle a.d.S. (21.9.1999) und Hannover (12.11.1999) zum Vortrag. Der Entschluss, die Studie, wie vorläufig auch immer, abzuschließen, reifte angelegentlich der Einladung zur Präsentation meiner Überlegungen auf einem psychohistorischen Symposion unter Leitung von Prof. Dr. Peter Dinzelbacher zu Salzburg vom 25.-29.3.2004.[2]

Für die kritische Lektüre bedanke ich mich bei Dr. Michael Schröter, Berlin, und bei Dr. Katrin Kröll, Buchenbach, bei ihr auch für die Unterstützung bei der Beschaffung von Bildmaterial. Behilflich waren mir dabei auch Pfarrer i.R. Paul Geißendörfer, Heilsbronn, und namentlich der Pfleger des Rangau-Heimathauses Cadolzburg, Hans-Werner Kress. Die Archive, die mir

2 Mediaevistik 18 (2005), S. 67-98

freundlicherweise Abbildungen zur Verfügung gestellt haben, finden sich in den Bild-Legenden ausgewiesen. Wem ich sonstige Hinweise und Anregungen verdanke, habe ich im Text angemerkt.

Jena, im Mai 2005
Günter Jerouschek

I. Das Götz-Zitat: Eine klassische Formel

Wenn man sich mit Unschicklichem, und sei es wissenschaftlich, befasst, mag der eine oder andere das selbst für unschicklich halten. Dabei gilt es aber zu berücksichtigen, dass das Schickliche des Anstößigen geradezu bedarf, um die nötigen Demarkationslinien zwischen dem einen und dem anderen zu ziehen. Asfa-Wossen Asserate hat diese Befindlichkeit gleichsam als teilnehmender Beobachter folgendermaßen formuliert: »Das ist das Eigentümliche an den geächteten Ausdrücken: Aus der Welt lassen sie sich durch Verbote nicht schaffen, sie bleiben im Bewusstsein gerade auch derer, die sich ihrer ganz bewusst nicht bedienen wollen, ja, sie sind sogar notwendig, um ein bestimmtes Ideal von Reinheit und Schönheit der Sprache zu definieren«[1], und, mehr noch, ruft er in Erinnerung, dass, was eigentlich ein Gemeinplatz sein sollte, »jede Sprache auch mit einer bestimmten Formung des Charakters, der Denkungsart, der Art zu sein einhergeht.«[2]

1 Asserate 2003, S. 139.
2 Asserate 2003, S. 10.

M.a.W. ist die Sprache zugleich eine Trägerin des sog. ethnisch[3] – wenn man so will auch kulturell[4] – Unbewussten eines Volkes, welches man neben dem ontologisch Unbewussten als zweite Form des Unbewussten postulieren muss, die die kollektive Identitätsstiftung sichert.

Die nach wie vor gängigste aus dem umgangssprachlichen Repertoire an Despektierlichkeiten dürfte, wenigstens was den deutschsprachigen Raum anlangt, die Beschimpfungsformel »Leck mich am Arsch« sein. Literarisch hoffähig scheint das so genannte »Götz-Zitat« aber auch zu Zeiten seiner dramaturgischen Nobilitierung durch Goethe keineswegs gewesen zu sein, findet sich doch sein Wortlaut seit der Zweitfassung des Götz von 1787 nur mehr durch drei ominöse Gedankenstriche, später Punkte, angedeutet. Auf den Rat Herders und Wielands hin hatte er 1786 seine Schriften für die 1787er Werksausgabe einer Revision unterzogen und, frei nach Mephisto, »die garst'gen Worte« gehindert, nachdem die Zitierung im Wortlaut allemal für einen Theaterskandal gut war.[5] Dass sich Goethe im Urgötz von 1771 hierzu noch nicht bemüßigt gefühlt hatte – auch in seiner Hanswurstiade und im mikrokosmischen Drama »Der Lauf der Welt« betätigte er sich fäkalsprachlich –, trug ihm immerhin die Ehre ein, von den Brüdern Grimm zu den »aristophanische(n) fischartische(n) Naturen«[6] gezählt zu werden, »die keine

3 Devereux 1982, S. 11 ff.; ders. 1978, S. 77 f.; 131 ff.: ethnische Identität. Die Beiträge stammen aus den Jahren 1955 und 1970.

4 Assmann 2004.

5 Müller-Jabusch 1956, S. 25, 30, 34.

Blödigkeit kennen und sich frei heraus lassen müssen.«[7] Heutzutage ist man nicht mehr so genant, dass man auf ein Lob wie das der Brüder Grimm hoffen dürfte, wenn man sich der Wendung »Leck mich am Arsch« – auf eine lexikalische Differenz zu der Goetheschen Fassung wird zurückzukommen sein – bedient: Tempora mutantur. Im heutigen Sprachgebrauch zeichnet sich überdies ein Nord-Südgefälle ab: Im Süddeutschen hat das Götz-Zitat an Schärfe eingebüßt, und es kann auch Verwunderung oder Überraschung zum Ausdruck bringen oder an einen virtuellen Adressaten gerichtet sein, während es im Norddeutschen sein überkommenes Schmähpotential bewahrt hat. Die Studentensprache verballhornte es ins lateinische »lex mihi ars«, was zwar »die Kunst sei mir Gesetz« heißen kann, aber nicht so gemeint war.

Erfunden hat Goethe das Götz-Zitat freilich nicht. Er hat es aus der 1731 herausgegebenen Lebensbeschreibung Götz von Berlichingens übernommen, wo es heißt, »er solte mich hinden lecken«[8] und es in seinen unverstellten Wortlaut rückübertragen. Der Sache nach ist die Formel nämlich alt. Sie reicht weit über den deutschen Sprachraum hinaus und tief in die Geschichte hinab. »Fortunate, linge culum«[9], Fortunatus, lecke den Arsch, fand sich an eine Hauswand in Pompeji gekritzelt. Catull macht im

6 Grimm 1852, Sp. 566 s.v. Arsch.

7 Ebd.

8 Franck 1731, S. 170.

9 Nachw. bei Schramm 1967, S. 110; Collofino 1939, S. 918 m. Abb.

96. Carmen eine Frau dadurch verächtlich, dass er ihr zutraut, »aegrotum culum lingere carnificis«[10], selbst einem Henker den räudigen Arsch zu lecken, und bereits Herodot berichtet von Frauen, die bei jeder Stadt, die sie auf dem Schiff passierten, die Kleider hoben.[11] Bekannt war auch das »jemanden anscheißen«, eigentlich »ins Gesicht furzen«, als verächtliche Redewendung, wenn etwa Horaz fragt: »vin' tu curtis Judaeis oppedere?[12]«, du willst doch nicht etwa die beschnittenen Juden anscheißen?

Wir haben es also mit einer Geste von fast archaischem Gepräge und einer weit verbreiteten Form der verbalen Beschämung »in manigfaltem, grobem und halb verschleiertem Ausdruck«[13] zu tun, und nicht zu Unrecht wurde der Umstand, dass dieser Befund lange verdunkelt blieb, der selektiven Quellenaufbereitung und der lexikographischen Zurückhaltung angelastet.[14] Die Überlieferung könnte sogar zur Annahme verleiten, gleichsam einer anthropologischen Konstante auf der Spur zu sein, doch ist einer solchen Annahme gegenüber schon deshalb Vorsicht geboten, als die Bedeutung von Geste und Formel kommunikativ zwar verstanden wird, der Hintergrund für die gewählte Form des Ausdrukks jedoch umso dunkler bleibt. Was sich hinter dem Götz-Zitat an beschämender Inszenierung verbergen könnte, dem

---

10 Schramm 1967, S. 31; Collofino 1939, S. 917 f.

11 Herodot II, 160; Schramm 1967, S. 31.

12 Horaz Sat. I, 9.70; Collofino 1939, S. 239. Curtus kann auch verschnitten heißen, was einer Steigerung der Verunglimpfung gleichkommt.

13 Grimm 1852, Sp. 565.

14 Ebd.

soll im Folgenden nachgegangen werden. Dass die uns hier interessierende Beschimpfungsformel aber auch zu Goethes Zeiten notorisch war, erhellt ohne weiteres schon daraus, dass die drei Striche als Andeutung genügten, um sich dem Publikum verständlich zu machen.

Wenn die sekundärliterarische Ausbeute zu unserem Thema im Vergleich zu seiner mentalitätsgeschichtlichen Brisanz erstaunlich spärlich ausfällt, so dürfte dies dem nämlichen Umstand geschuldet sein, den bereits Sigmund Freud für die merklich zurückhaltende Befassung mit einem eng verwandten Gegenstand, dem obszönen, der Entblößung des Dritten dienenden Witz ausgemacht hat, nämlich »als hätte sich hier eine Abneigung vom Stofflichen aufs Sachliche übertragen«.[15] Nicht selten fällt sodann, und auch hiervon wusste Freud ein Lied zu singen, die Scheu vor dem scheinbar kontaminierten Gegenstand als Schmähkritik auf denjenigen zurück, der den Gegenstand trotzdem zu traktieren wagt, wenn er nicht überhaupt peinlich ignoriert wird. Auch hier soll es mit Freud und seiner Devise, »allein wir wollen uns hiedurch nicht beirren lassen«[16], gehalten werden.

1. Verständlich, doch unverstanden

Wenn man heute einen Dritten mit der Wendung »Leck mich am Arsch«, »Du kannst mich mal ...« oder »Sie können mir mal ...« bedenkt, so erfolgt dies regelmäßig

15 Freud 1976 (1905), Bd. VI, S. 105.

16 Ebd.

im Rahmen einer affektiven Irritation, in der man dem Mitakteur zu bedeuten trachtet, dass man von dessen als bedrängend empfundenen Zumutungen nicht länger behelligt zu werden wünscht. Sie ist ein Akt der Selbstbehauptung, und mit der Einladung, er könne einen am Arsch lecken, wird dem anderen der ihm zukommende Respekt aufgekündigt, er soll beschämt, verächtlich gemacht werden. Die Selbstachtung wiederum soll ihn dazu veranlassen, sich vom beschämenden Kommunikationspartner abzuwenden.

Die Beschimpfungsformel – genauer: Beschämungsformel – sieht sich also in ein komplexes Konfliktszenario eingebettet, und schon von hierher wird deutlich, weshalb kaum je ein statusmäßig Ranghöherer den Rangniedrigeren mit der Formel bedenken würde: Der erstere, regelmäßig mit höherem Ehrkapital versehen und damit als Überich- oder Ichidealrepräsentant fungierend, wird kaum in die Verlegenheit kommen, letzteren in der uns beschäftigenden Form zu beschämen, und normalerweise wird auch dieser weit eher in den Stand versetzt, jenem das abzuverlangen, was er nur durch den Gebrauch der verächtlichen Wendung abwenden zu können glaubt.

Mehr noch, auch der zur Beschämungsformel Zuflucht Nehmende fühlt sich in seinem Achtungsanspruch und damit in seiner Selbstwertintegrität beeinträchtigt, so dass die Formel retorsiv als Sequenz in einer komplementären Achtungsminderungseskalation wiederkehrt. Sie stellt einen Distanzierungsversuch der- oder demjenigen gegenüber dar, die einem zu nahe zu kommen, buchstäblich auf den Leib zu rücken drohen. Insoweit jedenfalls mit ihr ausgedrückt werden soll, jemandem komme keine Beachtlichkeit für die eigenen Vorhaben und Handlungsweisen zu, so wird dieser Wunsch bereits durch die reale Beziehung, die deren Gebrauch provoziert, nachhaltig dementiert: Der zu beschämende Dritte ist allemal so bedeutsam, dass er den Dritten in den affektiven Ausnahmezustand eines Autonomie-Unterwerfungskonflikts zu versetzen vermag, der einen Kontrollverlust ankündigt oder, vergleichbar dem Fluch, bereits anzeigt.

Recht plastisch zum Ausdruck gelangt diese affektive Ausnahmesituation auch in Goethes Götz, wo auf die Äußerung – Götz befand sich auf seiner Burg im wörtlichen Sinn im Belagerungszustand, einem potenteren Gegner gegenüber, der Götz im Namen des Kaisers die Kapitulation zumutete – die Regieanweisung an den Götzmimen »schmeist das Fenster zu«[17] folgt.

2. Scham und Schuld

Psychoanalytisch gesehen, befinden wir uns damit in der narzisstischen Sphäre[18], wobei bereits Schopenhauer in einem psychologischen Raisonnement auf den dilemmatischen Charakter der Verachtung stieß: »Denn wer

17 Vgl. Goethe 1773, S. 133. Spätere Fassungen haben »schmeißt«, vgl. Goethe 1869, S. 48.

18 Zur Unschärfe des Begriffs im psychoanalytischen Diskurs vgl. jetzt Altmeyer 2000, S. 143 ff. Dass Narzissmus, Libido- und Triebtheorie keinesfalls gegeneinander auszuspielen sind, dürfte aus dem vorliegenden Beitrag zur Genüge erhellen, vgl. auch die Plädoyers bei Gast 1992, 1997.

Verachtung merken lässt«, schreibt er, »giebt eben dadurch ein Zeichen einiger Achtung, sofern ihm nämlich daran gelegen ist, dass der andere wisse wie wenig er ihn schätze, und da ist meistens mehr Hass, der nur Verachtung affektiert. Aber die ächte Verachtung hasst nicht...«.[19] Ins Psychologische gewendet: Der Hass anerkennt das Objekt uneingeschränkt, während die Verachtung es, wiewohl vergeblich, zu dementieren sucht, womit ersterer idealtypisch der ödipalen Schuld, letztere der präödipalen Scham zu assoziieren wäre.[20] Es trifft sich dies mit der psychologischen Erkenntnis, dass der Modus der Verachtung regelmäßig auch einen mit dem Selbstideal inkompatiblen und deshalb diskriminierten – verdrängten oder verleugneten – Selbstanteil attackiert, nur dass sich dessen Wahrnehmung bzw. Anerkennung durch die – projektive – Entwertung von Verhaltensweisen oder Charakterzügen anderer scheinbar erübrigt.

3. Geste und Interjektion

Bereits Sándor Ferenczi, einer der frühesten und bedeutendsten Freudschüler, wurde auf die Nähe von Interjektionen wie dem Götz-Zitat zur Gebärde aufmerksam und erklärte die Gemeinsamkeit damit, »dass, wo ein heftiger Affekt sich nur mit Mühe der motorischen Entladung erwehrt und zum Fluche wird: Dieser sich unwillkürlich der obszönen Worte bedient, die ob ihrer Affektfülle und

[19] Jakob 1994, S. 504 (§ 324).
[20] Wurmser 1998, S. 142.

motorischen Kraft dazu am besten taugen.«[21] Diese Vermutung Ferenczis findet in der Tat sowohl historisch wie auch aktuell ihre Bestätigung darin, dass die zur verbalen Formel erstarrte Geste auch handgreiflich zum Ausdruck gelangt: So etwa, wenn Fußballspieler wie weiland Gustl Starek oder Charly Mrosko (1. FC Nürnberg/Bayern München) ihr Missfallen an Entscheidungen der Schiedsrichter oder Reaktionen des Publikums dadurch bekundeten, dass sie die Turnhose herunterzogen und ihr blankes Gesäß zeigten. Über den gleichen Vorfall berichtet eine Krankengeschichte Karl Abrahams aus dem Jahr 1913, die sich auf eine so genannte Deckerinnerung eines Patienten bezieht. Hier war der Patient als siebenjähriger Bub einer Ladenbesitzerin ansichtig geworden, wie sie beim Streit mit Kunden diesen den Rücken zuwandte, ihre Röcke hob und ihnen das bloße Gesäß darbot.[22] Auch im letzten Akt von Gerhard Hauptmanns »Die Weber« drohen die Weiber »de Recke« hochzuheben.

Das Alter dieses Beschämungsritus mag man daran ablesen, dass in einem zu Wolmirstedt geführten und vom hallischen Schöppenstuhl begutachteten Hexenprozess aus dem Jahr 1663 der Inquisitin zur Last gelegt wurde, sie habe ein Mädchen aus der Nachbarschaft »für ein Huerenkind ausgerufen, sie angeblarret u. salvo Honore, den Rogk auffgehoben, da sollte sie hinuntter sehen«.[23] In Abrahams Fallgeschichte wie auch im Prozessbericht

---

21 Ferenczi 1970, S. 70 f., unter Verweis auf Kleinpaul.

22 Abraham 1971, S. 249.

23 Jerouschek 1995, S. 705.

wirkten die obszönen Gebärden auf die Beobachter konsternierend.

Unterstrichen wird diese Sichtweise auch durch die Austauschbarkeit von Interjektion und Geste, wenn, wie beispielsweise beim so genannten Autofahrergruß, erstere sprachlich nicht kommunizierbar ist; dasselbe gilt für Stefan Effenbergs »Stinkefinger«, mit dem er in die Annalen der deutschen Fußballgeschichte einging.[24]

Dass die Aufforderung, jemand möge einen am Arsch lecken, gleichviel ob sie verbal oder gestisch zum Ausdruck gebracht wird, obszönen Charakter habe, wird man kaum anzweifeln können; worin aber die Obszönität liege, scheint alles andere als ausgemacht zu sein. Genau davon hängt es aber ab, ob Katrin Kröll mit ihrer Ansicht Recht behält, dass die verbreitete Deutung der so genannten Blecker, denen ich mich im Folgenden zuwenden will, »im Sinne des bekannten Ausspruchs Götz von Berlichingens (…) nicht den Kern der Sache trifft.«[25] Denn Krölls Vorbehalt setzt gewissermaßen bereits voraus, was es zu beweisen gilt, nämlich, dass das Götz-Zitat eigentlich bzw. ursprünglich auch das bedeutet, was es heute zu bedeuten scheint.

---

24 Eindeutig sexuell-prostitutiver Charakter kommt dem Heben der Röcke in Kafkas Prozessroman zu, desgleichen im »Urteil«, nur dass hier der sexuelle Stimulus den Beschämungsaspekt vertritt. F. Kafka, Der Prozess, in: M. Brod 1976, S. 122.

25 Kröll 1994, S. 242.

II. Geschichtliche Zeugnisse

1. Das steinerne Götz-Zitat

Dabei dürfen wir von einer historischen Entwicklung ausgehen, im Zuge derer der mittlerweile fast inflationäre Gebrauch der Formel zu Lasten des gestischen Ausdrucks gegangen sein dürfte.[26] Früh schon gelangte die Geste auch im wahrsten Sinne des Wortes recht plastisch zum Ausdruck: Vor allem in Süddeutschland verbreitet sind die sog. »Lecksfüdle«[27], die kunstgeschichtlich unter der Bezeichnung »Blecker« firmieren[28]: in Stein gehauene

---

26 Für Freud, Charakter und Analerotik (1908), Freud 1976, Bd. VII, S. 207, stellt die Geste im Verhältnis zur Rede, kaum plausibel, eine Abschwächung und Trotzgebärde dar.

27 Füdle, fidle, schwäbisch-alemannisch für Hintern, wohl zu vut, mhd. für vulva, damit also so viel wie »kleine Fotze«. Zu »Lexfüdle« verballhornt bei Metzger 1971, S. 20 u.ö.

28 Schramm 1967 verwendet die Ausdrücke offenbar synonym. Zu den Bleckern vgl. Kröll 1994, S. 240. Blecken meint das ostentative Aufscheinen, im übertragenen Sinne dann Entblößen. Im ahd. und mhd. wurde es auch intransitiv gebraucht: Dem fliehenden Rehböcklein bleckt der Arsch (St. Gallen, 9.

Götz-Zitate an Burgen, Befestigungsmauern, Stadttoren und Kirchen. Am Bergfried zu Unterriexingen etwa findet sich an der schwächsten Stelle der Verteidigungsanlage ein entblößtes Hinterteil dem Feind entgegengereckt.[29] Bekannt sind das »Lecksfüdle« von der Komburg[30] aus dem 13. Jh., das romanische Exemplar von der Stiftskirche in Faurndau (um 1250, Abb. 1)[31] oder die Wasser speiende Bleckerin vom Freiburger Münster (Abb. 2), um die sich die Legende rankt, der Baumeister habe sie der Knausrigkeit seiner Auftraggeber halber gegen das Rathaus gerichtet. Solche »Blecker« sind aber europaweit bezeugt, so für Bologna[32], Burgos[33] oder als Chorstuhlschnitzerei zu Amiens[34]. Blecker finden sich auch am Chorgestühl des Ulmer Münsters (Abb. 4,10). Hier hatte sich Jörg Syrlin d.Ä., dessen Werkstatt im 15. Jahrhundert das Gestühl hergestellt hatte, ein besonders launiges Exemplar einfallen lassen: Am hinteren, etwas erhöhten Chorstuhl ist ein Genitalweiser dargestellt (Abb. 3), der mit dem linken Arm auf seine Gesäßpartie weist. Am Chorstuhl davor wird das Zitat dann aufgegriffen und werden die Hinterbacken modelliert (Abb. 4). Der Zusammenhang

Jh.). Heute ist es nur mehr für das aggressive Fletschen der Zähne in Gebrauch.

29 Schramm 1967, S. 29. Die Entstehungszeit wird ins 12./13. Jh. datiert.

30 Ebd., S. 30.

31 Ebd., S. 76.

32 Ebd., S. 103.

33 Ebd., S. 57.

34 Ebd., S. 127, 140, in das 14. Jh. datiert.

erschließt sich freilich nur dem eingeweihten Betrachter. Für die Chorherren dürfte dies keine Probleme bereitet haben. Wie aus dem selben Holz geschnitzt wirken die Figuren am Chorgestühl der Klosterkirche im nahegelegenen Blaubeuren.[35] Hier hatte sich Meister Syrlin gutteils desselben Figurenprogramms bedient wie in Ulm.

Die Blecker kommen in zwei Varianten vor, einmal in der soeben genannten, zum Teil auch mit angewinkelten Schenkeln (Abb. 3, 5, 6, 8, 9) und dann in der, wo der Blecker nach Art kleiner Kinder zwischen den gespreizten Beinen hindurch nach hinten schaut (Abb. 11). Ein besonders schönes Exemplar kehrt als kolorierte Federzeichnung in einem Wiegendruck der Dekretalen Papst Gregors IX. von 1234, des so genannten Liber extra, von 1480 wieder.[36] Auch die Geistlichkeit konnte sich an Bleckern ergötzen, wie gemalte Exemplare in Stundenbüchern und Breviarien zeigen, und in einer bebilderten Utrechter Bibelhandschrift von 1431 werden Juden angebleckt (Abb. 12). Mehr noch, findet sich das Blecken als apotropäische Geste sogar weltweit, in Südostasien ebenso wie in Afrika oder Südamerika, nur dass sich hinter dem scheinbaren Gesäßweisen bei genauerem Hinsehen ein genitales Schamweisen a tergo verbergen kann.[37]

Die steinernen Zeugnisse – sie wurden als Abwehrmagie in die Tradition nordisch-germanischer Felszeich-

35 Abbildung ebd., S. 103.

36 Ebd., S. 104.

37 Eibl-Eibesfeldt/Sütterlin 1992, S. 241, 395 u.ö. mit ethnologischen Belegen.

nungen der späten Eisenzeit oder der Bronzezeit gerükkt[38], wobei dieser Deutungsversuch freilich höchst spekulativ bleibt – finden dabei auch ihre literarische Entsprechung: Wenn Walter von der Vogelweide ankündigt, demjenigen, und sei es sein Herr, dem seine Sangeskunst keinen Gruß wert sei, die Seite oder den Rücken zu kehren, um sich zu revanchieren[39], so wird man dies als eine abschwächende Andeutung des Götz-Zitats verstehen dürfen, und der in Chroniken überlieferte Brauch, dem abziehenden Feind zum Gespött von der Mauer herab das blanke Gesäß zu weisen oder den Feind hiermit zum Abrücken zu bewegen, ist fast schon topisch.[40] Für das spätmittelalterliche Zürich ist die beleidigende Geste des »in den Arss sechen«[41]-Lassens ebenso bezeugt wie für schleswig-holsteinische Städte des 16. Jahrhunderts.[42]

Literarische Belege finden sich auch in Michael Behaims Wienbuch[43], wo Wiener Bürgersfrauen 1462 der Kaiserin Eleonore zum Hohn das blanke Gesäß weisen, oder in Grimmelshausens Simplizissimus: Dort hatte eine Gruppe marodierender Bauern einem Soldaten Nase und Ohren abgeschnitten, »zuvor aber gezwungen, dass er ihrer

---

38 Schramm 1967, S. 52, 62, 111.

39 Ebd., S. 32.

40 Ebd., S. 48 ff., 51. Grimm 1852, Sp. 565.

41 Burghartz 1990, S. 132 mit dem Zusatz, die Geste sei weit verbreitet.

42 Lorenzen-Schmidt 1978, S. 16.

43 Grimm 1852, Sp. 565.

fünffen (s.v.) den Hindern lecken müssen.«[44] Die gewalttätig-praktische Umsetzung des Götz-Zitats stellt freilich eine Ausnahme dar. Grundsätzlich bleibt es bei der Aufforderung, die bei der Gebärde des Gesäßbleckens zudem noch unausgesprochen bleibt. Für die frühe Neuzeit jedenfalls ist die Assoziierung der Blecker mit der im Götz-Zitat enthaltenen Aufforderung nachweisbar, wie dies bereits der Ausdruck »Lecksfüdle«, für den das Alter nicht bestimmbar ist, nahe legt, und eine eindeutige Reliefdarstellung (um 1550) im Münsteraner Friedenssaal, auf der die Zunge zum After weist[45] (Abb. 13), unterstreicht. Doch wenn Blecker und Götz-Zitat auch im Mittelalter gleichzeitig nachzuweisen sind, dürfte die Annahme einer solchen Assoziierung kaum einen vernünftigen Zweifel leiden können.

Bisweilen konnte die Geste auch bereits die Konnotation des heutigen »Verarschens« annehmen: Als der gewitzte und in die Rolle des Spielmanns geschlüpfte Morolf seinen Bruder, den König Salomon, auf der Jagd auf eine falsche Fährte gelockt hatte, ließ er »sin bruoch nieder und den Ars her uz wider«[46], und Luther empfahl bei Butterzauber, dem Teufel zum Hohn ins Butterfass zu scheißen, damit es den Hexen stinke.[47] Dies lässt auch eine

---

44 Grimmelshausen, Simplizissimus. Kap. 14 (fol. 49). Scheller 1959, S. 43. Ein weiterer Beleg findet sich S. 42 mit der Drohung, Untaten so unnachsichtig zu rächen, »dass euch keiner von euren Neben-Menschen mehr den hindern lecken dörffe«. In der von Schleifheim besorgten Ausgabe wird in usum delphini nur mehr von der »verächtlichsten Erniedrigung«, S. 32, gesprochen.

45 Abb. bei Schramm 1967, S. 134.

46 Grimm 1852, Sp. 565; 1817, S. 20.

neue Deutung der bleckenden »Butterhanne«, einer Skulptur am Goslarer »Haus zum Brusttuch« von 1517 (Abb. 14), zu.[48] Bei weitem grobianischer fällt demgegenüber der in Luthers Tischreden kolportierte Brauch aus, zu Rom würden Kritiker des Papsttums umgebracht und ihnen die herausgeschnittenen Zungen in den Anus gesteckt.[49] Auf den sich hier in der Tat aufdrängenden Bezug zum Götz-Zitat wird aber noch zurückzukommen sein.

Was das bereits erwähnte Verhältnis von analem Gesäßweisen und genitalem Schamweisen a tergo anlangt, so hat Katrin Kröll auf einen für unseren Zusammenhang interessanten Befund aufmerksam gemacht: In der Spruchdichtung Salomon und Markolf, einem dem erwähnten Spielmannsepos verwandten und älteren Genre, bleckt der bauernschlaue Markolf in der deutschen Fassung von 1487 König Salomon gegenüber lediglich sein Hinterteil, während er in der mittellateinischen Fassung aus dem 12. Jh. »nates et culus et gurgulio et testiculi«[50], Gesäß, Loch, Penis und Hoden weist. Der Holzschnitt im Wiegendruck der deutschen Fassung lehnt sich im Vergleich zum Text mehr an das mittellateinische Original an (Abb. 15). Der Frage, ob, wie dies Kröll[51] vermutet, die explizite Kenntlichmachung der genital-sexuellen Komponente im deutschsprachigen

---

47 N. Paulus 1910, S. 39 f.

48 Kröll 1994, S. 293 deutet die Darstellung erotisierend.

49 Nach Klein 1817, S. 20.

50 Kröll 1994, S. 281 ff. (283).

51 Ebd.

Text sich deshalb erübrigte, weil diese konkludent mit umfasst war, wird noch nachzugehen sein.

2. Die Ekelfrage

Auffällig ist zunächst, dass bei der hier interessierenden Beschimpfungsformel bzw. der Geste eine Selbstentblößung zur Bloßstellung Dritter dient. Dass die Einladung an einen Dritten, jemanden am Arsch zu lecken, der Analsphäre entstammt, scheint evident zu sein. Dass dabei die nates als Ort der Produktion der faeces eine Ekel erregende Körperzone markieren, ist aber nur auf den ersten Blick schlüssig, da die faeces als Inbegriff des Ekels zwar auf eine historisch lange Tradition verweisen können, die aber für sich genommen als Begründung nicht zu taugen vermag.[52]

Die gerne hierfür in Anspruch genommene Berufung auf die Hygiene versagt sogar in aller Regel, wie bereits Freud und in seinem Gefolge auch Norbert Elias anhand mannigfacher Belege dargetan haben, die die Hygiene als nachträgliche Rationalisierung ausweisen.[53] Und nicht zuletzt hat auch Sigmund Freud in einer Epoche machenden Schrift auf die häufig rein konventionellen, wenn nicht irrationalen Grenzen des Ekels – was immer das heißen mag – aufmerksam gemacht: »Wer etwa mit Inbrunst die Lippen eines schönen Mädchens küsst, wird vielleicht das Zahnbürstchen desselben nur mit Ekel gebrauchen können, wenngleich kein

[52] Anders Gauger 1999, S. 45 f.

[53] Elias 1978.

Grund zur Annahme vorliegt, dass seine eigene Mundhöhle, vor der ihn nicht ekelt, reinlicher sei als die des Mädchens«.[54] Freud gelangte zum Schluss, dass es, was den After anlange, gerade der Ekel sei, der dieses Sexualziel – scil. den Anus – zur Perversion stemple.[55]

Mit anderen Worten war hier der Ekel an die Stelle früherer Lust getreten, um damit die vormalig erogene Zone im Dienste des genitalen Primats zu kontaminieren. Für Otto Fenichel war das Götz-Zitat geradezu ein Musterbeispiel dafür, dass ein ursprüngliches Triebziel nach der Verdrängung zum Ausdruck des Spottes und des Hohnes gerät, und das trotz – genauer: wegen – der überwundenen Libidostufe.[56] Dass aber der Analbereich samt den Fäzes nicht nur ein Ort des Ekels, sondern – durchaus im Sinne einer Wiederkehr des Verdrängten – auch ein solcher der Lust und damit libidinös besetzt sein kann, klingt etwa im schwäbischen Liedgut an, wenn Anna Schäufele aus Kaltenthal als »mein herzigs goldigs Scheißerle« imponiert und sich so mit einem Liebreiz ausgestattet sieht, der, inbrünstigst intoniert, höchster Verzückung Ausdruck verleiht. Das rituelle Unterlaufen der Ekelgrenzen klingt auch in einem aus dem 16. Jh. überlieferten traditionellen Reigen an, wo die Tänzer dem Partner das entblößte Gesäß zu lecken hatten.[57]

---

[54] Freud 1972, GW Bd. V, S. 51; Goudsblom 1979.

[55] Freud 1972, GW Bd. V, S. 51, vgl. auch Freud 1976, GW Bd. VII, S. 205.

[56] Fenichel 1972, S. 216.

[57] Schalk 1971, S. 329.

3. Koprolalie: Mozart, Luther, Thomasius

Geradezu mit den Händen zu greifen ist der ambivalente Charakter des Analen bei Mozart, dessen Liedproduktion, überlieferte Redeweise und briefliche Korrespondenz – namentlich die berüchtigten »Bäsle-Briefe« – fast schon an einen Tick der »Koprolalie« gemahnen.[58] Ein fäkalsprachlicher Umgangston war übrigens in der Familie Mozarts endemisch, und Wolfgang Amadeus teilte ihn vor allem mit seiner Mutter.[59] Dem starken sinnlich-affektiven Bezug, den die Beschämungsformel aufwies, ist ihr heutiger Gebrauch doch weitgehend entfremdet, und sie nähert sich einem Idiom an.[60] Wurzelt aber die Beschämung hier im analen Reinlichkeitsdiskurs, so müsste sie bedeuten, dass dem Dritten zugemutet wird, mit der Zunge, dem geschmacklich sensibelsten Körperteil, den Anus, den ekelbesetzesten Körperteil, von fäkalischen Ausscheidungen sauber zu lecken.[61] Auch das Wort »lecken« hat, vor allem in seiner substantivierten Form »Lecker«, einen verächtlichen Beigeschmack[62], der heute noch im entehrenden Begriff Speichellecker nachklingt.

Synonym hiermit wird im Deutschen »Arschkriecher« für einen hündisch-unterwürfigen, liebedienerischen

---

58 Vgl. Hildesheimer 1977, S. 58, 79, 128 f., 132, 118, 141 f., desgl. Dundes 1984, S. 65-72. Zur klinischen Terminologie vgl. Ferenczi 1970, S. 70.

59 Hildesheimer 1977, S. 78.

60 Zur Idiomatisierung vgl. Keller-Bauer 1984, S. 95.

61 Vgl. Müller-Jabusch 1956, S. 41: Zumutung, Unflat abzulecken.

62 Grimm 1852, a.a.O.

Mitmenschen, der Loyalität oder Anerkennung nur um seines eigenen Vorteils willen heuchelt, gebraucht. Die dem »Arschkriecher« zum Vorwurf gemachte Charakterlosigkeit wird auch heute noch genauso wie auf dem Titelbild von Pieter Breughel d.Ä. von 1568 verstanden: Begierig kriechen hier die Armen dem Reichen in den Hintern, um etwas von seinem »Mist«, wie die Umschrift besagt, abzubekommen. Doch ist das Bild mehrdeutig, denn es kann auch tiefgründiger gelesen werden. Diejenigen, die dem Geldsack in den Hintern kriechen, machen sich damit selbst zu »Scheiße« und werden in einem umgekehrten Verdauungsvorgang auf der anderen Seite als Goldmünzen wieder ausgeschieden, aus dem Geldsack oder Ärmel geschüttelt: Die Geldgier reifiziert den Menschen, und die Gleichung von Geld und Fäzes war ja für Freud ein Gemeinplatz. Die Darstellung Breughels als Teil einer ganzen Serie, die niederländische Sprichwörter ins Bild setzt, erinnert an das Schroten in einer Mühle und dürfte weniger kapitalismuskritisch als vielmehr moralisierend zu verstehen sein. Ob sich freilich der abschätzig-beschämende Gehalt hierin erschöpft, wird noch zu hinterfragen sein.

Für unseren Deutungszusammenhang äußerst aufschlussreich ist, wie noch zu zeigen sein wird, eine auf den ersten Blick geringfügige lexikalische Differenz zwischen dem heute gängigen Gebrauch des Götz-Zitats und seiner bei Goethe und auch Mozart bezeugten authentischen Form: In der Erstfassung des Götz von Berlichingen aus dem Jahre 1771 findet es sich, wie eingangs erwähnt, noch nicht durch die viel sagenden Striche angedeutet, sondern lautet: »Er aber, sags ihm, er kann mich im Arsch lecken.«[63] Hier werden Darmausgang und Afteröffnung als unmittelbarer Austrittsort der faeces zum Fokus der entehrend-unterwürfigen Säuberungshandlung. Dies ist umso bemerkenswerter, als Goethes Vorlage hier ja lediglich ein »er solte mich hinden lecken«[64] auswies. Dabei scheint die abschwächende »am«-Lesart gegenüber der ursprünglicheren »im«-Lesart im Deutschen im Vordringen begriffen zu sein.

Auch Thomasius tat sich – in lutherischer Manier – wenig Zwang an. So mokierte er sich 1701, wahrscheinlich auf Luther gemünzt, über das Märchen, der Teufel könne »crepitu ventris«[65], »mit einem Furtze«[66], vertrieben werden. Schon gar nicht gehe es an, die Wirksamkeit dieses Mittels auf den mit ihm einhergehenden rechten Glauben zu gründen. Wenn nämlich der Glaube genüge, den Teufel auszutreiben, wozu bedürfte es dann noch eines Furzes, wo noch dazu dann unterschiedliche dämonologische Qualitäten von Fürzen angenommen werden müssten? Zwar hielt Thomasius das zu recht für absurd, doch der lateinische Sprachgebrauch hält eine Unterscheidung – wenn auch nicht der dämonologischen, so doch aber der phänomenologischen Qualität nach – durchaus bereit: einmal den schleichenden »flatus« und dann den krachenden »crepitus«. Die

63 Goethe 1773, S. 133.

64 Franck 1731, S. 170. Es kann dies freilich bereits eine bereinigte Fassung des Herausgebers sein.

65 Lieberwirth 1986, S. 72.

66 Ebd., S. 73.

Übersetzung von Johann Reiche aus dem Jahr 1704 laviert hier bereits etwas, wenn der Kracher nicht nur als Furz, sondern auch als stinkender oder garstiger Wind wiederkehrt.[67]

4. Lustvolle Anstößigkeit

An der generellen Anstößigkeit des Fäkalischen im 17. und 18. Jahrhundert kann aber, unbeschadet der erwähnten fäkalsprachlichen Nonkonformisten[68], kaum ein Zweifel bestehen. In Prozessakten der frühen Neuzeit etwa war es sogar gerichtsbräuchlich, den gesamten Bereich des Körperlichen, Haare, Strümpfe, selbstverständlich auch den gesamten analen Bereich, mit einem s.v., salva venia, mit Verlaub, oder vergleichbaren Entschuldigungsfloskeln wie im oben erwähnten Beispiel zu versehen, wenn die kriminalistische Inquisition darauf zu sprechen kam.[69]

Von solchen Peinlichkeitsbekundungen nichts zu spüren ist hingegen in einer Literaturgattung des 16. Jahrhunderts, die man aus heutiger Sicht geradezu der literarischen Fäkalomanie zeihen könnte. Einer der herausragenden Vertreter dürfte Johann Fischart (1546/47-1590) gewesen sein – man könnte, wenn man so will, ihn als den Bukowski des 16. Jhs. bezeichnen –, in dessen Werk nach dem Urteil der modernen Herausgeberin

---

[67] Ebd., S. 73, 75.

[68] Zur »nonkonformistischen Distinktion« durch archaische Kraftgebärden vgl. Asserate 2003, S. 143.

[69] Jerouschek 1992, passim. Vgl. auch oben Fn. 23.

seiner Schriften persönliche Neigung und Zeitgeschmack eine äußerst gelungene Liaison eingegangen seien.[70]

In seiner Bearbeitung des rabelaisschen Romanzyklus »Gargantua« übertrumpfte er sein literarisches Vorbild an derb-fäkalischem Sprachgut bei weitem[71], gipfelnd in einem eigenen Kapitel, »wie Grantgusier an Erfindung künstlicher Geseßwisch seins sönlins Gargantua wunderlichen Geyst erwischt«[72]. Hier lässt Fischart seiner Phantasie freien Lauf, mit welchen Kleidungsstücken, Stoffen oder sonstigen Materialien man sich mit einer »unseglichen kitzeligen Lust«[73] »hinten schneuzen«[74] könne. Ob Mutters Handschuhe, ob Hüte, ob Goldsand, Kragen oder Pelz, alles wird danach durchgemustert, ob »es macht eine reine Abstersion der fäkalischen Materi.«[75] Es würde den vorgegebenen Rahmen sprengen, wollte man den fischartschen Analitätsfundus auch außerhalb der fäkalischen Putzsucht des Arschwischkapitels auch nur einigermaßen erschöpfend darstellen. Ich will es deshalb mit einigen bezeichnenden Kostproben dieser analen »Mobilmachung« bewenden lassen: Da soll das Maul zum Arsch gehen, der Arsch in den Ärmel geschoben und in den Ärmel geblasen werden, die Zunge in den Arsch geschossen werden, solange man möge, der Teufel soll

70 Vgl. Schnabel 1969, S. 469.
71 Ebd., S. 468.
72 Ebd., S. 201 ff.
73 Ebd., S. 202.
74 Ebd., S. 206.
75 Ebd.

einem den Arsch zerreißen, wenn man jemanden fresse, so möge man hinten anfangen, da man so am ehesten an den Senf gelange, zur Beförderung des Stuhlgangs wird Pfeffer in den Arsch gestreut, das Söhnlein wird vom Vater aufs Loch geküsst, und man bekommt Nonnenscheiß als Mahlzeit gereicht.[76]

76 Vgl. ebd., S. 138, 123, 142, 241, 202.

III. Literarisierungen des Fäkalischen

1. Fäkalomanien

Wenn Rabelais (1494-1553) und Jonathan Swift (1667-1745) angesichts ihrer dichterischen Ausbeutung fäkalen Sprachgutes ihrem Ahnherrn Aristophanes an die Seite gestellt zu werden verdienen, Swift sogar von Middleton Murry als exkrementeller Visionär charakterisiert wurde[77], so wird man Fischart dieser Trias getrost hinzugesellen können. Und mit einem Beroalde de Verville (1558-1612) und seinem Werk »Le moyen de parvenir« wurde ein ansonsten kaum in Erscheinung getretener Autor noch dazu sogar zum würdigsten Nachfolger Rabelais' gekürt.[78]

Ein weiteres Buch, sogar ein Bestseller auf dem seinerzeitigen Buchmarkt, darf in diesem Zusammenhang nicht außer Betracht bleiben: Die immer wieder aufgelegten Schwänke des Till Eulenspiegel aus der Feder des Braunschweiger Zollschreibers Hermann Bote.[79] Bei immerhin 23

---

77 Vgl. hierzu Brown 1959, S. 179.

78 Collofino 1939, S. 513.

79 Schmidt 1979. Zu Bote als mutmaßlichem Autor seit der

der 96 Historien bilden Fäkalscherze die Pointe der geschilderten Episoden, sexuell getönte Zoten (41., 67. Hist.) fehlen fast ganz. Da wird ins Haus (51. Hist.), dem Wirt in die Stube (81. Hist.), der Wirtin ins Bett (85. Hist.), dem König von Polen in den Saal (24. Hist.), dem Obstbauern in die Pflaumenfuhre (88. Hist.), in einen Senftopf (10. Hist.), in eine Badestube, »Zur Reinigkeit« geheißen (69. Hist.), und auf einen Klapptisch defäziert, bei dessen Aufklappen in der Herberge die Bescherung dann offenbar wurde (79. Hist.). Besonders deftig fällt die 72. Historie aus, in der Eulenspiegel zum Mahle lädt, sich die Butter in die Arschkerbe schmiert und so den Spießbraten über dem Feuer beträufelt, welche Szene – wie sonst auch – mit einem Holzschnitt illustriert wird.

Bereits die 2. Historie bereitet auf das fäkale Genre, das den Leser erwartet, vor: Klein Eulenspiegel hält die ganze Nachbarschaft zum Narren und ist als Schalk verschrien. Dem Vater gegenüber leugnet der Lausbub alle Streiche und spielt das Unschuldslamm. Zum Beweis setzt er sich hinter seinem Vater aufs Pferd, damit dieser Zeuge der Haltlosigkeit des missgünstigen Geredes der Nachbarn sei. Hinter dem Rücken des Vaters aber »lupfft sich Ulenspiegel hinden uf mitt dem Loch/vnd ließ die lüt ye in den ars sehen vnd saß da wider nieder.«[80] Nachdem die Nachbarn wieder »pfuy dich«[81] schimpfen, Eulenspiegel

maßgeblichen Studie von Honegger 1973 vgl. Blume/Rohse 1991, insb. S. 343 ff. Zur Zuordnung zur Schwankliteratur vgl. Schnell 1991, gegen eine Satire-Deutung auch Könneker 1991.

80 Schnabel 1969, fol. IV.

81 Ebd.

aber beteuert, weder etwas gesagt noch getan zu haben, setzt der Vater ihn nun vor sich aufs Pferd, »aber er spert das maul vff und rekt die zungen uß.«[82] Erneut ereifern sich die Leute über das freche Benehmen des Buben, der Vater aber glaubt ihm nach dieser Probe aufs Exempel[83], verlässt darob die Heimat und zieht mit dem Kind ins Magdeburgische.

Eulenspiegel hat also bereits als Kind Vater und die ganze Mitwelt »verarscht«, das Leitmotiv für seinen weiteren Lebensweg. Auch künftig werden es Elternrepräsentanten sein, die er »bescheißt«, wobei er sich gern des Wörtlichnehmens zeitgenössischer analer Metaphorik bedient – bis heute und längst nicht nur für Kinder ein fast unerschöpflicher Quell hämischer Belustigung. Die Geschichte scheint auch dem Versuch Recht zu geben, den Namen Eulenspiegel, abzuleiten von ulen = wischen, säubern und spiegel = Hintern, als niederdeutsche Variante des Götz-Zitats zu deuten.[84] Zwar widerraten dem die Holzschnitte des Titelblatts sowie des Grabsteins zur 95. und 96. Historie, wo Eulenspiegel mit Eule und Spiegel präsentiert wird, doch dürfte es sich dabei bereits um eine dem hochdeutschen Publikum, das mit dem sprechenden Namen Ulenspiegel nichts anzufangen wusste, geschuldete Fehlinterpretation handeln. Dafür spricht auch, dass wir als editio princeps nur über die hochdeutsche Straßburger Ausgabe von 1510/11 verfügen, während die

82 Ebd.

83 Kröll 1994, S. 239 deutet das Versetzen als Schutzmaßnahme.

84 Schnabel 1969, S. 22 nach Collofino 1939.

mitunter postulierte niederdeutsche Vorlage noch nicht verifiziert werden konnte.[85]

2. Die Neidhart-Tradition

Bemerkenswert ist aber allemal, dass die sexuelle Sphäre, die herkömmlich einen reichhaltigen Fundus für peinlich-vergnügliche Zoten bereithielt, im gesamten Buch so gut wie keine Rolle spielt. Eine solche unangefochtene Prädominanz des Analen ist nämlich durchaus ohne Vergleich, während die Fäkalthematik an sich schon in einer Tradition steht.[86] Literarisch ist hier etwa die so genannte »Neidhart-Tradition« zu nennen. Der Minnesänger Nithart, als Neidhart von Reuental geläufig, karikierte in seinen Liedern gern den Bauerntölpel, ein Motiv, das nicht wenige Epigonen fand und die Zuschreibung mitunter schwierig macht. Beim »Bauernfeind« Nithart selbst, der die Tradition in der ersten Hälfte des 13. Jhs. begründete, bilden Fäkalscherze allerdings noch die große Ausnahme, obwohl das bäurische Element durchaus einen günstigen Nährboden für diesbezügliche Schmähkritik hätte abgeben können – wenn die Zeit dafür reif gewesen wäre.

Ich bin nur auf eine einzige Geschichte gestoßen, die auch Eulenspiegel wohl angestanden hätte und womöglich

85 Zur strittigen Frage einer niederdeutschen Vorlage vgl. Blume/Rohse 1991, S. 345 f.

86 Für Kröll 1994, S. 239 ist das Sprechen mit den Körperöffnungen in der populären Literatur und Bildkunst seit dem 12. Jh. geradezu konventionell.

gar nicht auf den Reuentaler, sondern auf den spätmittelalterlichen Schwankhelden Nithart Fuchs, ein Eulenspiegel-Pendant und ebenso bauernfeindlicher Neidhartnachfolger, zurückgeht[87]: Im Lied »Der Viol«, das Veilchen – zugleich die bekannteste Neidhart-Geschichte –, will sich Nithart vor der Herzogin produzieren und ihr ein Veilchen verehren. Um sie zu überraschen, hat er seinen Hut über die Blume gelegt und heißt die Dame darunter zu greifen. Mittlerweile hatte aber ein infamer Bauer das Veilchen gebrochen, an dessen Stelle einen Kothaufen abgesetzt und diesen wieder mit dem Hut bedeckt. Als die Herzogin »mit ihr sne wizen hende«[88] erwartungsvoll unter den Hut greift, ist Nithart der Blamierte und wird ins Exil geschickt. Wenn sich Nithart sonst etwas darauf zugute hält, für gewöhnlich die Bauern »beschizzen«[89] zu haben, so war er hier jedenfalls der Angeschmierte. Die Fresko-Wandmalereien eines Wiener Bürgerhauses – hierin kein Einzelfall – kulminieren in Szenen dieser Schwankhistorie.[90]

Festzuhalten bleibt aber, dass das – vergebliche – Liebeswerben Nitharts so gut wie nie in einem fäkalen Kontext zu stehen kommt, obwohl ihm ein derbes, abschätzig-sexualisiertes Vokabular keineswegs fremd ist.[91] Ein etwas

87 Jöst 1976, S. 13; Schnell 1991, S. 189.

88 Collofino 1939, S. 844. Dort auch weitere Belege für spärliches anales Sprachgut.

89 Ebd.

90 Grössinger 2002, S. 6 f. mit Abb. von Holzschnitten aus einer Inkunabel von ca. 1480; Jöst 1976 mit Abb. im Anhang.

91 Vgl. etwa bei Beyschlag 1975; Nr. 29, III, 7; 39, III, 9; Trutzstrophe 3; S. 146, 202, 204

anderes Bild ergibt sich aber schon, wenn wir Beispiele aus der Neidhart-Tradition in unsere Untersuchung mit einbeziehen. Dabei kann es – dies sei ausdrücklich angemerkt – nicht darum gehen, die analen Bezüge der spätmittelalterlichen Literatur erschöpfend darzustellen, vielmehr soll lediglich anhand markanter Beispiele eine Entwicklungslinie nachgezeichnet werden.

So findet sich, gut ein halbes Jahrhundert nach Nithart, im Bauernhochzeitsschwank »Meier Betz«[92] die diffamatorische Akzentuierung der Fäkalsphäre bereits vorgezeichnet: etwa wird nach dem Schmaus, der mehr einem Fressen gleichkommt[93], wegen des Harndrangs der »zagel«[94], Penis, um den Finger gewunden oder der »ars«[95] mit der Hand zugehalten, um den Stuhl zu verheben, wo andere hinterm Zaun einen Strom von sich lassen. Die »vellpruoch«[96] mag hier noch einfach Lederhose meinen und erst später zur »vollepruoch«[97], vollen Hose, geworden sein. Verstärkt sieht sich jener Trend wenig später in »Metzen hochzit« aus dem frühen 14. Jh.[98], welcher Schwank den vorgenannten fortschreibt. Hier finden sich zusätzlich sprechende Namen

---

92 Wießner 1956, S. 61, datiert die Entstehung auf die Wende vom 13. zum 14. Jh.

93 Ebd., v. 135 ff.; S. 5 ff.

94 Ebd., v. 215, S. 7.

95 Ebd., v. 217, 270; S. 7, 9.

96 Ebd., v. 79, S. 3.

97 Ebd., »Metzen hochzit«, v. 395; desgl. Sowinski 1988 für Wittenwilers Ring.

98 Wießner 1956, S. 61.

wie »arskeck«[99], »nasentropf«[100], »triefnas«[101] oder eben neben »fellebruoch«[102] auch schon »vollebruoch«[103].

Eine merkliche Steigerung erfährt der fäkalsprachliche Auftrieb sodann um die Wende vom 14. zum 15. Jh. in Wittenwilers »Ring«. Der Hang zur obszönen Darstellungsweise hat Autor und Werk die wenig ansprechenden Würdigungen eingetragen, es werde hier »nur so im Kot gewühlt«[104] oder »fußtief schreitet er in Kot und Unflat.«[105] Daran ist immerhin so viel richtig, dass sich die fäkalen und die sexuell-obszönen Präsentationen und Anspielungen in etwa die Waage halten. Die beiden Sujets auseinander zu halten, ist für unseren Zusammenhang umso weniger belanglos, als die anale Anreicherung für die zeitgenössische Literatur – wie noch zu zeigen sein wird – keine Selbstverständlichkeit darstellt. Manchmal lässt sich ein obszöner Begriff nicht einmal mehr eindeutig einer der beiden Sphären zuordnen. So handelt es sich bei »surt«[106] sicher um eine sexuell-obszöne Interjektion, die nicht mehr übersetzbar ist[107], dass sich die deutsche Übersetzung dann aber mit dem Götz-Zitat behilft, dürfte bezeichnend sein.

99 Wießner 1956, v. 18; S. 27.
100 Ebd. v. 24, S. 28.
101 Ebd. v. 102, S. 30.
102 Ebd. v. 79, S. 29.
103 Ebd. v. 395.
104 Sowinski 1988 für Ehrismann 1935.
105 Ebd. für Baechthold 1892.
106 Ebd., S. 60, Z. 1413.
107 Ebd., S. 431.

Ausgebreitet wird das gesamte Spektrum des Analen: Mehr als ein dutzend Mal wird der »ars« in derb-sinnlicher Manier apostrophiert, geläufig sind die analen Funktionen, sei es als Heilmittel mittels dreier Fürze in den Mund[108], sei es – wie bei Horaz – als verächtliche Geste Rittern gegenüber[109]. Gefurzt wird in der Kirche[110], ins Bett genässt[111] oder mit dem Hemd, was das Publikum beleidigt, der Hintern abgewischt.[112] Als Parodie auf den Minnesang dürfte die Szene gemünzt sein, wo die Geliebte den Freier düpiert und das Gesäß aus dem Fenster darbietet und der töricht-verblendete Freier ihr »den hinteren spunt«[113] küsst. Greifbar wird hier zum einen die Funktion des Gesässes als »zweites Gesicht«, zum anderen handelt es sich der Sache nach um den frühesten eindeutigen Nachweis für eine literarische Ausgestaltung des Götz-Zitats, der mir in der deutschsprachigen Literatur begegnet ist.

Die Vulgarisierung der fäkalen Perspektive tritt auch bei dem Tübinger Humanisten Heinrich Bebel hervor, aus dessen Werk wir über den fäkal gefärbten Umgangston der Schwaben um die Wende vom 15. zum 16. Jh. unterrichtet

108 Ebd., S. 65, Z. 1525.

109 Ebd., S. 49, Z. 1109.

110 Ebd., S. 43, Z. 964.

111 Ebd., S. 43, Z. 971.

112 Ebd., S. 43, Z. 958.

113 Ebd., S. 60, Z. 1381, 1383 ff.; S. 431. Dieselbe Verwechslung unterläuft dem närrischen Buhlen in Schumanns Nachtbüchlein von 1559, vgl. Müller-Jabusch 1936, S. 178 f.

sind.[114] Dabei ist aber nicht zu verkennen, dass bei ihm wie auch bei sonstigen Verfassern oder Herausgebern von Schwanksammlungen die anale Fixierung längst nicht so eindeutig vorscheint wie bei denen mit einem Schwankhelden wie Eulenspiegel im Mittelpunkt.[115]

3. Das Götz-Zitat im 15. Jahrhundert

In der Goethe geläufigen Fassung ist das Götz-Zitat in einem Rechtsstreit dokumentiert, den eine Agnes Schwanfelderin mit dem Chorherrn Johannes Schwob am 30.9.1454 zu Bamberg ausfocht. Sie hatte dem Kanonikus vorgeworfen, er verfresse das Antoniusopfer mit Huren und Buben selbst – vergreife sich also an Kirchengut –, er beschimpfte sie daraufhin als Diebin und Lügnerin, worauf sie zurückgab, sie wolle ihm auf die Platte – die Tonsur oder Glatze – scheißen, so dass es ihm über die Backen ins Maul komme: »Auch spräche sie, er sollte sie im Arse lecken und an ihre Brüche küssen.«[116] Zwar ist hier der anale Hintergrund für die Beschämungsattacke ganz offensichtlich, doch ist darüber nicht zu verkennen, dass, wie im obigen Beispiel auch, das Götz-Zitat mit der Aufforderung, er solle ihr die Unterhose küssen, in einem sexuell-obszönen Zusammenhang

114 Dundes 1984, S. 64 f.

115 Heidemann 1991, S. 423.

116 Schramm 1967, S. 116. Derselbe Zusammenhang dürfte auch in einem Gerichtsprotokoll aus Luzern (1381-1420) angesprochen sein, doch bleibt der genaue Sinn dunkel. Auch hier handelt es sich um die ehrkränkende Äußerung einer Frau.

steht. Ich möchte überdies sogar dafür halten, dass hier im Fränkischen um die Mitte des 15. Jahrhunderts die Brüche noch synonym mit dem zu bedeckenden Körperteil, den Hinterbacken, zu verstehen waren.

Nahe gelegt wird diese Leseart des Götz-Zitats, die dessen scheinbar fragloser und ausschließlicher Subsumtion unter den Kot-Schmutz-Reinlichkeitsdiskurs widerrät und eine sexuelle Konnotation zu erwägen gibt, auch durch eine weitere frühe Version des Götz-Zitats, die gleichfalls von seiner umgangssprachlichen Gebrauchstüchtigkeit zeugt: Heinrich Kramer (lat. Institoris), ein elsässischer Dominikaner, hatte an der Schwelle vom Mittelalter zur Neuzeit ein Epoche machendes Buch geschrieben, den berühmt-berüchtigten Malleus maleficarum, den 1486/87 gedruckten Hexenhammer. In diesem Buch, das zu den wichtigsten Handbüchern gehört, die die Hexenverfolgungen, einsetzend im 15. und kulminierend im 17. Jahrhundert, vorbereiteten, listete Kramer, bei dem Anzeichen für ein perverses Krankheitsbild erkennbar sind[117], auch Merkmale auf, anhand derer man Hexen identifizieren könne. Eines dieser typischen Merkmale, wie der Inquisitor aus eigener Erfahrung zu berichten wusste, war, wenn Frauen während der Messfeier auf den Gruß des Priesters an die Gemeinde »Dominus vobiscum« gereimt zu antworten pflegten: »Ker mir die Zung im Arß umb«[118], anstatt mit dem liturgisch gebotenen »et cum spiritu tuo«. Der Satz ist

[117] Hierzu Jerouschek 2001.

[118] Jerouschek 1992a, fol. 47 r. Deutsche Übersetzung Jerouschek/Behringer 2003, S. 365.

eine der wenigen Stellen, wo Kramer das Deutsche im lateinischen Original gebraucht. Es ist dies übrigens eine Bestätigung der psychologischen Erkenntnis, dass Zelebrationen besonders fauxpasanfällig sind.[119]

Hier steht also ganz das Hin- und Herwenden der Zunge in der Afteröffnung im Vordergrund, angespielt wird offenbar auf einen der Beschimpfung innewohnenden Zusammenhang mit sexuell-obszönem Gebaren von blasphemischem Gehalt, worüber das Reinlichkeitsmoment verblasst. Unterstrichen wird diese Akzentuierung durch den Kontext, in den sich hier das Götz-Zitat gerückt sieht: Unmittelbar im Anschluss an die Textstelle berichtet Kramer, dass die Hexen auf diese Weise nach dem Priester auch ehrbare ältere Frauen zu beleidigen pflegten, die sexuellen Gelüsten eher abhold seien und dafür mehr spirituelle Befriedigung suchten. Diese waren durch sexuelle Obszönitäten eher an ihrer Ehre zu kränken als andere, für die die Sexualität an sich nichts Abhorrendes war.[120]

4. Osculum infame – der schmähliche Kuss

Dieser Zusammenhang dürfte auch in der anglo-amerikanischen Wendung »kiss my arse«[121] anklingen. Nach

[119] Der Spiegel, Nr. 45, 3.11.1997, S. 93, anhand der Unterfertigung einer Hotelbarrechnung mit »Adolf Hitler« bei einer Konzerttournee in Israel durch einen faschistoider Anwandlungen völlig unverdächtigen Bassgeiger.

[120] Jerouschek 1992a, fol. 47 r. Jerouschek/Behringer 2003, S. 365 f.

[121] Dundes 1984, S. 43.

Auskunft eines native speakers ist die Wendung in ihrer Bedeutung dem englischen Sprachraum zwar geläufig, aber im Vergleich zu dem vielfältig variierten »fuck« kaum gebräuchlich. Dem entspricht auch die Einschätzung von Dundes: »The watered-down equivalent of »kiss (rather than lick) my arse«, does not really occupy a similar role in Anglo-American folk speech.«[122] Bei dieser Wendung drängt sich zugleich ein Bezug zur Pervertierung des homagiums, des feudalen Lehenskusses, wie sie auch im Teufelspakt der Hexen – einer der frühen Nachweise für den Begriff »Hexe« stammt übrigens aus Wittenwilers »Ring«[123] – wiederkehrt[124], auf. Der pervertierte Kuss, das osculum infame, rekurriert auf die Stereotypen der Ketzerverfolgungen, namentlich der Templer zu Beginn des 13. Jhs.[125] Greifbar wird der Bezug zum homagium auch bei Mathias Kemnat um 1450, nach dem die Hexe sich dem Teufel folgendermaßen unterwirft: »sie gibt sich ime und kust ine in den ars.«[126]

Im Mittelenglischen kann der Spottname »Baysers« als Kombination von frz. baiser = küssen und engl. ers = Arsch mit Blick auf das Götz-Zitat gedeutet werden[127], wie auch Kain im 15. Jh. den Gruß seines Bruders Abel mit einem

122 Dundes 1984, S. 43.

123 Sowinski 1988, Z. 7890, 7899, 7913: häxen; Z. 7889 »höperg«, der Heuberg als Sammelplatz.

124 Jerouschek 1992a, S. VIII.

125 Vgl. Hergemöller 1996.

126 Zit. nach Hansen 1901, S. 232.

127 Jones 2002, S. 280 unter Verweis auf Reanay.

»com kis myne ars«[128] erwidert. Auf das osculum infame dürfte auch in Namen von Pariser Steuerschuldnern, die als Teufels- oder Dämonenküsser aufgelistet sind, ausgangs des 13. Jhs. angespielt werden.[129] Im Kuss in den Anus aber die authentische Lesart des Götz-Zitats erblicken zu wollen, wie es mitunter geschieht[130], ist weder zwingend noch drängte sich ein solcher Schluss auf. Die peiorative Tendenz zur Verächtlichmachung wiederum wird etwa greifbar, wenn eine als Hexe Verfolgte das obszöne Treiben auf dem Hexensabbat mit einer Tauf- oder Hochzeitsfeier vergleicht, um sofort beschwichtigend hinzufügen, es sei letztlich doch nur ein »Arschküßen« gewesen. Der Schreiber protokolliert die Aussage mit einem »absit blasphemia«[131], Blasphemie sei ihm fern. Ähnlich dürfte es sich auch mit dem bereits oben apostrophierten »Arschkriecher« verhalten: Hier dient sich der zum personifizierten Phallus Stilisierte dem Reichen und Mächtigen zur analen Befriedigung an, begibt sich damit aber seiner Ehre, seines Eigenwertes.

[128] Ebd., S. 279.
[129] Ebd., S. 280.
[130] Müller-Jabusch 1936, S. 134.
[131] Jerouschek 1992, S. 163.

IV. Das Götz-Zitat und die »Judensau«

1. Von der Allegorie zum Schandmal

Müssen wir damit einen zunächst sexuell-perversen Deutungshintergrund für das Götz-Zitat in Betracht ziehen – dass der sexuelle Akt durch die Kontamination mit der Fäkalsphäre pervertiert, ändert daran nichts –, so nötigt dies zugleich zu einer differenzierteren Sichtweise zur Erklärung eines weiteren, mit dem Götz-Zitat in Zusammenhang stehenden Phänomens: der so genannten »Judensau«. Bei den »Judensauen« handelt es sich um Skulpturen, die Juden in Verbindung mit einer Sau darstellen. Dieses Ensemble findet sich vornehmlich an oder in Kirchen, es datiert vom 13. bis zum 16. Jh. und beschränkt sich auf den deutschen Kulturraum: Ursprünglich lediglich eine Allegorie des todsündlichen Lasters der gula[132], Völlerei, figurierten dementsprechend auch lediglich Fährlein, saugend an den Zitzen des Muttertieres, bevor, wie in Wiener Neustadt[133],

[132] Shachar 1974, S. 12, 40.

[133] Ebd., S. 38 f.

stilisierte Juden an die Stelle der Jungen traten (Abb. 16) und dieses Motiv als »exclusively a German phenomenon«[134] in ein Schandmal wider die Juden transformiert wurde.[135]

Bei Hrabanus Maurus, von 822 bis 844 Abt in Fulda, tritt zur biblischen Unreinheit und Verabscheuungswürdigkeit des Schweins, die es zum Symbol für die Feinde des Christentums prädestinierten, eine psychologische Komponente hinzu: Die als rein geltenden Tiere stehen für die guten Eigenschaften des frommen Christen, die als unrein geltenden wie die Sau für die schlechten der Irrgläubigen. Deren Prototyp waren die Juden, die sich dem Neuen Testament verschlossen.[136] In der antijüdischer Propaganda dienlichen Assoziation von Sau und Jude verbindet sich die mehr abstrakte Allegorie des Unglaubens mit dem Symbol schlechter, verachtenswerter Charaktereigenschaften. So folgt eine der frühesten der Judensauen, die von Brandenburg um 1230 (Abb. 17), noch nicht der erwähnten und später geläufigen Topik des Bildschemas, sondern bildet die Sau mit spitzem Judenhut ab[137]: Hier symbolisiert die Sau den Juden, er »ist« die Judensau oder, wenn man so will, der Saujude!

Bemerkenswerter Weise stammt die bislang früheste und eindeutig identifizierbare Darstellung des Schmähmotivs der Judensau von der Peripherie: Beim Neubau einer Kirche im nordfriesischen Dorf Emmelsbüll wurden Steine des um

---

[134] Ebd., S. 2.

[135] Ebd., S. 40; vgl. auch S. 4 ff., 11, 14.

[136] Carstensen/Henningsen 1989, S. 13 f.

[137] Ebd., S. 9; Shachar S. 15 f.

1200 entstandenen Vorgängerbaus wieder verwendet. Einer dieser Steine, ein jetzt als Trittstein benutzter Granitquader, enthält eine deutlich ein Schwein darstellende Ritzzeichnung. Unter dem Schwein sind zwei kauernde Strichmännchen erkennbar, wobei die Verbindungsstriche zwischen dem Unterleib der Sau und den Köpfen der Männchen entweder den die Juden charakterisierenden Spitzhut oder die Zitzen stilisieren. Man muss Carstensen und Henningsen darin beipflichten, dass den Steinmetzen bereits um 1200 recht detaillierte »Vorgaben eines bestehenden christlich-ikonographischen Repertoires zur Anfertigung des Werkes verfügbar gewesen sein«[138] mussten.

Dieses früheste Zeugnis einer Judensau wirft die nicht einfach zu beantwortende Frage nach dem Rezeptionsweg auf. Angesichts des historischen Befundes, dass sich eine Konzentration der Judensauen auf den mitteldeutschen Raum abzeichnet, mag man sich daran erinnern, dass Hrabanus Maurus sein einschlägiges Werk mit dem grammatikalisch merkwürdigen Titel »De rerum naturis« aus dem Jahr 842 dem Halberstädter Bischof zur Verwendung in der Katechese zugedacht hatte.[139] Stammte der Emmelsbüller Steinmetz aus Mitteldeutschland oder hatte er wenigstens die Anregung von dorther bezogen? Wurde die Ritzzeichnung erst später hinzugefügt? Wurde sie womöglich erst auf den Trittstein geritzt, um den Juden die gesteigerte Schmach anzutun, mit christlichen Füßen betreten zu werden?

---

[138] Carstensen/Henningsen 2001, S. 11.

[139] Carstensen/Henningsen S. 11.

2. Rektale Annäherungen

Für unseren Zusammenhang von Bedeutung ist dabei die Besonderheit, dass neben dem Säugen (Abb. 26) früh schon auch eine Nähe des Juden zum After der Sau zur Darstellung gelangte. So findet sich gleich mehrfach die Gebärde abgebildet, dass ein Mann, augenscheinlich ein Jude, den Schwanz der Sau anhebt (Abb. 22, 24) , beginnend mit der Brandenburger Judensau um 1230[140] (Abb. 17), desgleichen bei den Judensauen von Heilsbronn (Abb. 18) und Zerbst um die Mitte des 15. Jh.[141] oder der Wittenberger Judensau[142], die sodann Luther beeindruck hat (Abb. 23).[143] Daneben finden sich auch Darstellungen, die sich als liebkosende Umarmung – wie in Lemgo Ende des 13. Jhs. (Abb. 19)[144] und in Köln[145] – oder als Kuss – wie in Eberswalde[146] – deuten lassen. Zumeist jedoch zielt die Kussgebärde auf das Rektum der Sau: Diese Variante findet sich in Uppsala[147], im nach deutschem Recht gegründeten Gnesen

---

[140] Ebd., S. 15. Hier ist die Spezifizierung auf den Juden noch unsicher.

[141] Ebd., S. 36.

[142] Ebd., S. 30 f.; die zeitliche Zuordnung ist umstritten und reicht vom ersten Drittel des 14. Jh. bis ins 15. Jh.

[143] Ebd., S. 44.

[144] Ebd., S. 16 f.

[145] Bergmann 1987, S. 96 mit Tafel 56. Das Ensemble im Chorgestühl des Kölner Doms umfasst neben dem die Sau haltenden Juden einen weiteren, der die Sau füttert, und einen dritten, der an den Zitzen saugt.

[146] Ebd., S. 27 f.

[147] Ebd., S. 40. Zu Kelheim vgl. S. 38 f.

(poln. Gniezno) oder an der Cadolzburger Reliefdarstellung (Abb. 20, 21).[148]

Eine sexuelle Metaphorik sieht sich auch angedeutet, wenn der Jude auf der Sau reitet, was an den Bocksritt der Hexen gemahnt. Der »saureitende Jude« macht freilich zugleich deutlich, wie wichtig die Einbeziehung des Symbol spendenden Hintergrundes, auf den die Darstellung rekurriert, für die Symboldeutung ist: Bei der frühesten Darstellung des saureitenden Juden, einer Reliefschnitzerei am Chorgestühl des Erfurter Doms (Abb. 22), das aus den Jahren zwischen 1349 und 1372 stammt, stehen sich christlicher Ritter mit Schild und Lanze und saureitender Jude mit Spitzhelm gegenüber. Der Ritter sticht den Juden, der sich an einem Hopfenzweig festhält, von der Sau. Unter dem Sockel des Reliefs jagt der Hund den fliehenden Hasen. Hier gelangt der Kampf zwischen dem Christentum und dem Judentum zur Darstellung.[149] Der für die Erfurter Judensau in Erwägung gegebene Zusammenhang mit der Erfurter Judenverfolgung von 1349[150] lässt sich jedoch keinesfalls verallgemeinern: Judensauen finden sich auch in Städten, in denen keine Juden wohnten und die somit auch an keine Verfolgung anknüpfen konnten.

Für unseren Zusammenhang aufschlussreich ist dabei die Legende auf einem Spruchband, das einem frühen Holzschnitt aus der ersten Hälfte des 15. Jh. beigegeben

148 Ebd., S. 33.

149 Friedrich 2001, S. 38 f.

150 Ebd., S. 38.

ist. Hier sitzt ein junger Jude rittlings auf der Sau, hebt den Schwanz und saugt, ein zweiter deutet mit der Rechten zum Rektum und spitzt die Zunge. Das Spruchband des lang nachgedruckten Schnitts aber erläutert das Motiv mit den Worten: »Sug liber bruder hartz, so bloß ich ir in der arß«.[151] Das Pendant zum Saugen an der Afteröffnung der Sau bildet hiernach das Blasen in den Hintern. Kommt aber das Blasen dem Saugen gleich, so wird kaum an eine fäkale Schmutzmetaphorik zu denken sein, sondern vielmehr an die Verbildlichung einer der oral-sexuellen Sphäre zuzurechnenden schmachvollen Perversion.

3. Luther: Peristaltik als Schicksal

Zu Ende des 15. Jahrhunderts wiederum scheint sich der Sexualbezug zunehmend zu verflüchtigen. Statt dessen sehen sich »Judensau« und »Saujude« in ein dezidiert oral-fäkales Schmähszenario gerückt: Ein Hans Folz zugeschriebenes Fastnachtsspiel heißt den Judenmessias sich unter den Schwanz der Sau legen, deren Exkremente in ein Säcklein zu binden und diese auf einmal zu verschlingen.[152] An einer weiteren Stelle soll die Sau Juden in die Mäuler scheißen.[153]

Dass Luther, dem eine charakteristische Schwäche für die Sau und das Säuische attestiert wird[154], diese Deutung sodann aufgriff und auf die judenfeindliche Propaganda

---

[151] Carstensen/Henningsen 1989, S. 13; Shachar 1974, S. 34.

[152] Shachar 1974, S. 41.

[153] Ebd.

[154] Erikson 1975, S. 34.

verwandte, kann kaum überraschen: Wie der Reformator und Pamphletist Luther sich ausließ, sollten Juden die von der Sau defäzierten Buchstaben fressen und saufen[155], und in den Eingeweiden der Wittenberger Judensau wähnte er den Talmud, in dem der unter dem Steiß spähende Jude zu lesen trachtete[156]: Das jüdische Wissen speiste sich aus den Exkrementen der Sau, des Tieres, das den Juden für unrein galt, eine hintersinnige Verdoppelung des Schmähpotentials. Auf diese Variante des Schmähemblems rekurrierte auch die nationalsozialistische Hetzschrift »Der Stürmer«, in dem sich 1934 mit Ringelschwänzchen bestückte jüdische Literaten und Wissenschaftler vor der mit prallen Zitzen daliegenden Sau suhlen, in der eine Gabel steckt.[157] Luthers Parteigänger und Freund Lucas Cranach d. Ä. griff das Motiv des Saureitens zur antipapistischen Propaganda auf und stellte in einem Holzschnitt-Zyklus den Papst saureitend dar. Luthers Deutung ist umso bemerkenswerter, als Hans Baldung Grien in einem Bild von 1514 ein drachenartiges dämonisches Fabeltier mit phallisch gespitzter Zunge der Hexe a tergo zwischen den Beinen züngeln lässt.[158] Hier gelangt ein eindeutig sexuell-perverser Akt zur Darstellung.

Luthers Hang zum Analen – Anfechtungen des Teufels quittierte er mit dem Götz-Zitat[159] – wurde denn auch

155 Shachar 1974, S. 43.

156 Ebd., S. 44.

157 Abb. in „Der Spiegel“ 19, 9.5.2005, S. 190.

158 Federzeichnung, Staatliche Kunsthalle Karlsruhe, Abb. bei Schild 1997, S. 159.

159 Dundes 1984, S. 59; Müller-Jabusch 1956, S. 288.

folgerichtig für eine heilsgeschichtliche Weltsicht reklamiert, die sich unter eine diabolische Verdauungssystematik subsumieren lässt: indem der Mensch im Zuge seiner Läuterung die Darmschlingen des Teufels zu passieren habe.[160] Dass sich angesichts der zutiefst analen Fixierung Luthers die Frage nach der »analen« Theologie des frühen Protestantismus aufgeworfen sieht[161], ist unabweisbar. Dies gilt zumal für Luthers legendäres »Turmerlebnis«[162], die subita conversio auf der Kloake, für die es freilich Anhaltspunkte für einen mittelalterlich tradierten Topos gibt.[163] Nur spricht einiges dafür, dass die Frage, inwiefern Luther hier auf seine bäuerliche Herkunft regredierte, wie dies Erikson erwägt[164], oder nicht eher eine desublimierende Dechiffrierung anzunehmen sei, wozu Brown neigt[165], womöglich falsch gestellt ist. Thomas Morus« Vorhaben jedenfalls, auf Luthers Schmähschrift gegen Heinrich VIII. kongenial fäkalsprachlich zu replizieren[166], nimmt sich gegenüber Luthers fäkalgesättigter Wortmächtigkeit, seiner sprichwörtlichen Wut im Bauch, bemüht aus.

---

[160] Brown 1959, S. 226.

[161] Ebd., S. 204 unter Verweis auf Gordon Rattray Taylor.

[162] Brown 1959, S. 204.

[163] Vgl. Jerouschek 1992a, fol. 85 r.

[164] Erikson 1975, S. 55, 217.

[165] Brown 1959, S. 225.

[166] Dem entspricht, dass er sich rechtfertigt, einen fäkalen Ton anzuschlagen, vgl. Dundes 1984, S. 60 f.

V. Genitalität und Analität

1. Analität als ideologische Markierung

Um eine kurze Zwischenbilanz des bisherigen Gangs unserer Untersuchung zu ziehen, sei Folgendes festgehalten: Wenn man die klassischen Belege, deren Tradition abbricht, einmal beiseite lässt, reicht die Fährte des Götz-Zitats bis an die Schwelle vom 14. zum 15. Jh. Bereits hier imponiert es als Beschämungsformel, es versteht sich aber als sexuelle Perversion, ohne dass es über spezifisch anale Konturen verfügte. Dem entspricht eine von Bruno Roy erhobene Stichprobe französischer Texte des 15. Jhs., wo Erwähnungen des Anus lediglich 17 Mal in exkrementellem, 23 Mal hingegen in genital-sexuellem Kontext zu stehen kamen.[167] Ein deutlich höherer Anteil an genital-sexuellen Konnotationen des Anus ist in Liedern der noch mittelalterlichen Troubadoure in Frankreich auszumachen, wo das Blasen und Stoßen noch ganz im Vordergrund stand.[168] Auch existierte ein analer

---

[167] Roy 1977, S. 160.

[168] Bec 1984, S. 234 mit den Nachweisen zu còn, cornas, braga oder cul. Für den Literaturhinweis bedanke ich mich bei

Kontext, der seine Einbettung in einen solchen Metaphernspender erlaubt hätte, zu Anfang kaum mehr als rudimentär, so dass die Aussage »ass licking off course implies eating shit and it is the confusion of the oral and the anal wich constitutes the ultimate degradation«[169] einer Petitio principii gleichkommt und in ihrer Selbstverständlichkeit fehlgeht.[170]

Die anale Sphäre erwächst erst im Laufe des 15. Jh. zu einer eigenständigen Topik, die literarisch zunächst als »Demarkationssymbolik« zur Diskriminierung »bäurischer« gegenüber bürgerlich-zivilisierter Lebensart reklamiert wurde. Wenn sich hier die anale Sphäre vom Sexualdiskurs sozusagen emanzipierte, so impliziert dies, dass sie nach dem Selbstverständnis städtischer Kultur zu einem identitätsstiftenden Paradigma herangereift war. Erst dieses verlieh der Fäkalisierung bäurischen Verhaltens ihren

Prof. Dr. Peter Dinzelbacher, Wien/Salzburg.

169 Dundes 1984, S. 48.

170 Kaum aussagekräftig ist für den hier angeschnittenen Zusammenhang eine für den dörflichen Bereich der Obergrafschaft Katzenelnbogen angestellte Quellenauswertung von Landgerichtsprotokollen zu Injurienklagen, Toch 1993. Das für den Zeitraum von 1415 bis 1486 erhobene Schimpfwortinventar bestätigt hier den derzeitigen Forschungsstand, dass Frauen an ihrer Geschlechts-, Männer an ihrer Berufsehre gekränkt wurden. Dabei rangieren kriminelle und religiöse Invektiven noch vor den beruflichen, anale und sexuelle sind in der Minderzahl und halten sich in etwa die Waage, ebd., S. 318. Eine entwicklungsgeschichtliche Differenzierung wurde nicht vorgenommen und hätte angesichts der geringen Zahl auch keine Signifikanz ergeben.

exklusionsspezifischen Hintersinn. Abgeschlossen sieht sich der Auftrieb der analen Sphäre um die Wende vom 15. zum 16. Jh. Von da an entfaltete sie eine relativ eigenständige Deutungsperspektive zum Verständnis der inneren und äußeren Welt. Schließlich fällt auf, dass sich die Textzeugen, anhand derer sich dieser Prozess verfolgen lässt, am nachhaltigsten auf den deutschsprachigen Raum konzentrieren und die frühesten Nachweise sich auf Frauen beziehen, die das Götz-Zitat statusmäßig an Ehre bevorrechtigten Männern gegenüber benutzten.

Auch wenn dieser Befund, die Emanzipation der Analität aus der genital-sexuellen Sphäre und deren Verselbständigung seit dem 15. Jh., auf den ersten Blick überraschen mag, so fügt er sich eigentlich durchaus in den bisherigen Forschungsstand ein: Wie nämlich für die spätmittelalterliche Erzählliteratur bereits überzeugend herausgearbeitet wurde, zeichnet sich diese vor der Literatur anderer Epochen durch die Prominenz des Kastrationsmotivs aus.[171] In – aus heutiger Sicht – schon monotoner Manier wird hier das Kastrationsmotiv paraphrasiert, sei es in zumeist unschwer zu enträtselnder symbolischer Verhüllung, sei es manifest. Bis zum Überdruss des heutigen Lesers verschneiden Frauen ihre Ehemänner, der Knecht den ehebrecherischen Pfaffen, werden die Haare geschoren, Zähne gezogen oder erwischt eine Katze statt der erhofften Maus das Genitale eines treulosen Ehemannes. Häufig ist die Kastration mit der »vagina dentata« assoziiert, und ausnahmsweise kann sich der Leser sogar an regelrechten

[171] Beutin 1987, S. 43 ff.

Kastrationsapparaturen ergötzen. Was den Sexualdiskurs anlangt, so ist man geneigt, von einer Omnipräsenz der Kastrationssymbolik zu sprechen.

2. Analisierung und Subjektivität im Zivilisationsprozess

Zur Erklärung dieses Phänomens drängt sich aus psychohistorischer Sicht der Gedanke auf, einen Schlüssel zur Klärung gerade in der späteren Prononcierung der Analerotik zu suchen. Geht man nämlich davon aus, dass die vergleichsweise Unterrepräsentanz der analen Sphäre im literarischen Diskurs zugleich auch die individuelle psychosexuelle Entwicklung reflektiert, so wäre die oralsadistische Phase unmittelbar mit der genitalen assoziiert[172], und die Genitalität wäre dementsprechend einem komplementären oralsadistisch-kastrativen Phantasieszenario ausgesetzt. Die Wendung zur Analität – sie pflegt aus psychoanalytischer Sicht in eine retentive und eine expressive Phase untergliedert zu werden – hin wäre dann eine vielleicht Epoche machende Errungenschaft in der abendländischen Zivilisation, da diese gleichsam als Puffer zwischen die Oralität und die Genitalität eingebracht worden wäre. Wir hätten es damit mit einer veritablen Umschrift einer Ausgangsbedeutung nach Freudschen Verständnis zu tun.

Mit ihrem reichen Symbolisierungspotential konnte sie in ihrer zweiten Phase zugleich die oralsadistische

[172] Vgl. hierzu ethnopsychoanalytisch am Beispiel der Dogon auch Parin et al. S. 426 f., 431 ff., vergleichend Parin 1978, S. 63 ff.

Bedrohung der Genitalität abzumildern helfen, da diese auf den Sektor der aktiven analen Produktion übergeführt und dort analsadistisch ausagiert werden konnte. Nicht zuletzt sorgt sie gegebenenfalls auch für ein gesteigertes Ausmaß an elterlicher Zuwendung und verhilft damit zu einer beträchtlichen narzisstischen Zufuhr, zu Leistungsstolz, gewissermaßen als Gratifikation für die Einbuße an Autonomie. Dass hieraus weit reichende Konsequenzen für die Ichidealbildung und die Ödipalisierung des Überichs erwachsen[173], womit sich zugleich auch die inzwischen psychoanalytisch virulente und kontrovers diskutierte Frage nach dem Verhältnis von Scham und Schuld[174], schlecht und böse, aufgeworfen sieht, sei wenigstens angemerkt.

Wenn wir die anale Wende in das 15. und 16. Jh. datieren, so dürfte es kein Zufall sein, dass um die gleiche Zeit

173 Vgl. Grunberger 1974, S. 508, 515 f., der zutreffend auf die defensive Möglichkeit der ubw. zu phantasierenden Introjektion des väterlichen Phallus als Basis späterer Identifikation verweist. Vorüberlegungen bereits bei Grunberger 1977, S. 164 ff. Vgl. auch Jerouschek 1992, S. 284. Auf die mögliche Bedeutung des Steckwindelns habe ich andernorts bereits verwiesen, vgl. Jerouschek, Bespr. von Heinemann, E., Hexen und Hexenangst. Eine psychoanalytische Studie, Frankfurt a.M. 1989, in: ZRG GA 108, 1991, S. 461 f.

174 Einen möglichen Zusammenhang zwischen Scham und unterschiedlichen Zivilisationsformen als »abwegig« zu leugnen, wie Hilgers 1977, S. 1166 dies unternimmt, scheint mir seinerseits abwegig zu sein, vgl. nur Wurmser 1998, S. 96 ff.. Im Gegenteil dünkt mich eine Historisierung von Scham und Schuld im Hinblick auf unterschiedliche zivilisatorische Formierungen ein vordringliches Desiderat zu sein. Vgl. bereits die Relativierungen

und auch noch im selben geographischen Raum, sich eine dämonologische Innovation anbahnte, wie sie, gemessen an ihren Auswirkungen, ihresgleichen noch nicht gesehen hatte. Gemeint ist die Hexenverfolgung, deren literarische und auch praktische Grundlegung im 15. Jh. erfolgte und die in der Folge zigtausende von Menschen, zumeist Frauen, das Leben auf dem Scheiterhaufen kostete. Bereits Sigmund Freud war auf den Zusammenhang der Dämonologie mit analen Phantasien aufmerksam geworden[175], als er sich mit der »Drekkologie«, dem psychischen Hintergrund der Bedeutung von Schmutz, befasste.[176] Und in der Tat sieht sich das neue Verfolgungskonzept im Vergleich zum herkömmlichen Ketzereidiskurs regelrecht »anal aufgeladen«: Neben der Pervertierung des Ehesakraments in der Teufelsbuhlschaft gab es den überkommenen Kuss auf den Anus, wurde jetzt mit Urin getauft, bekamen ältere Hexen vom Teufel bücklings eine Kerze in den After gesteckt und mussten zur Illumination der Schwarzen Messe herhalten[177] und verwandelte sich Geld in Kot u.ä.m. Mehr noch, machten sich die Richter auch Gedanken darüber, woher man das Spülwasser bezogen

bei Hilgers 1996, S. 176, 187. Freud hatte schon früh einen Zusammenhang zwischen Ekel und Moralität erwogen, einen solchen mit Rücksicht auf die Möglichkeit der libidinösen Überwindung der Ekelschranke wieder verworfen, vgl. Masson 1986, S. 171, Beilage zum Brief Freuds an Fließ vom 1.1.1896.

[175] Erikson 1975, S. 271.

[176] Jerouschek 2000, S. 79.

[177] Vgl. Jerouschek 1992, S. 144.

habe, um nach den Sabbatgelagen wieder sauber zu machen.[178]

Diese Befunde legen die These nahe, dass für das 16. Jahrhundert der analen Sphäre eine weitaus größere Bedeutung zu attestieren ist als zuvor. Wenn man davon ausgeht, dass sich diese Prominenz nicht lediglich im literarischen Diskurs erschöpft, sondern dieser vielmehr eine mentalitätsgeschichtliche Entwicklung reflektiert, so darf man mit einigem Fug von einer »Analisierung« der Gesellschaft sprechen. Die zunehmende Reinlichkeitserziehung in den letzten Jahrhunderten macht übrigens auch Ferenczi dafür verantwortlich, dass erotisch-zärtliche Regungen unter Männern zunehmend tabuiert würden, da sie an der steigenden Ekelschwelle im analen Bereich teilhätten.[179] Er spricht in diesem Zusammenhang sogar von einer Zwangsheterosexualität, die hieraus resultiere, und hinter dem Anwachsen der Homosexualität gelangte somit eine Wiederkehr des Verdrängten zum Vorschein.[180] Hätte Ferenczi die Forschungen Max Webers zur protestantischen Ethik als Motor der kapitalistischen Entwicklung[181] gekannt, so hätte er womöglich sogar auf einen

[178] Ebd.

[179] Ferenczi 1970a, S. 196.

[180] Ebd., S. 195.

[181] Vgl. Weber 1922. Dies gilt unbeschadet dessen, dass sich Webers Untersuchungsgegenstand auf den amerikanischen Puritanismus im 18. Jahrhundert erstreckte. Die Rückbindung an die calvinistische Spielart des Protestantismus wäre aber nur ein folgerichtiger Schritt gewesen.

Zusammenhang zwischen der Reformation, der zunehmenden Bedeutung der analen Sphäre und der Ausbreitung der kapitalistischen Produktionsweise aufmerksam werden können.

In diesem Zusammenhang ist auf eine auffällige Ungereimtheit in der berühmten »Weber-These« aufmerksam zu machen. Von dem notorischen und auch wissenschaftlich gerne in Anspruch genommenen reformiert-puritanischen Credo, der – durchaus ökonomisch verstandene – irdische Erfolg sei ein Indikator für den Platz im ewigen Leben, steht im Werk Calvins[182], des neben Luther wirkmächtigsten Reformators und Stifters des reformierten Bekenntnisses, kein Wort. Im Gegenteil verfocht er eine strenge Prädestinationslehre, der gemäß der irdische Status des Menschen keinerlei Hinweis auf den Status im ewigen Leben erlaube und alle diesbezüglichen Anstrengungen vergeblich wären. Es handelt sich um eine zutiefst depressive Glaubenslehre, die aus psychoanalytischer Perspektive eine zwanghafte Abwehr erheischte. Arbeit war damit nicht nur die via regia zur Besserung, sondern diente zugleich der Abwehr einer depressionsanfälligen Konfession. Dass der sich einstellende ökonomische Erfolg einer theologischen Rationalisierung bedurfte, ist ohne weiteres plausibel, nur war diese nicht calvinisch, sondern Folge einer späteren, calvinistisch-puritanischen Entwicklung, die Weber in Nordamerika sodann antraf.

---

182 Calvin 1955.

3. Das Götz-Zitat als sexuelle Perversion

Wenn wir aber davon ausgehen können, dass der Ekel vor der »schmutzigen« Analsphäre nicht, wenigstens nicht in erster Linie, den Ausschlag dafür gegeben haben kann, dass die obszöne Wendung zu einer eklatanten Beschämung taugte, muss der Grund hierfür woanders zu suchen sein. Fündig wird man, wenn man hierzu die Handbuchliteratur zur mittelalterlichen Beicht- und Bußpraxis zu Rate zieht, in der sich die zeitgenössischen moraltheologischen Verhaltenskodizes versammelt finden.[183] Johannes Gerson etwa kommt in seinem zu Anfang des 15. Jahrhunderts verfassten Kompendium auf die Todsünden in sexualibus zu sprechen. Eine prominente Stellung nahm hierbei die Sodomie – die bereits ein Jahrhundert zuvor bei der Häretisierung der Templer eine maßgebliche Rolle gespielt hatte[184] – ein, nach damaligem Sprachgebrauch der homosexuelle Verkehr unter Männern und Frauen sowie heterosexuelle Verkehrsdevianzen. Erläutert werden diese in Bezug auf Männer wenigstens noch insoweit, als diese nicht nur anal, sondern auch mittels anderer Körperteile sexuell verkehrten. Was Frauen anlangte, findet sich nur mehr ominös angedeutet, dass diese auf so schreckliche und abscheuliche Weise miteinander verkehrten, dass solches weder benannt noch beschrieben werden könne, übrigens auch, um niemand im Beichtgespräch auf falsche Gedanken zu bringen.

[183] Jerouschek 1991.

[184] Vgl. hierzu Hergemöller 1996.

Kann man hier schon vermuten, dass das Wenden der Zunge im After unter die angesprochenen todsündhaften Verkehrsdevianzen fallen könnte, so wird dies anhand der um die Mitte des 15. Jahrhunderts verfassten Beichtsumme des Antoninus Florentinus vollends unabweisbar, durch die wir auch erfahren, worauf Gerson angespielt haben mochte. Hiernach zählten zu den Todsünden contra naturam, wider die Natur, alle Sexualpraktiken, die nicht mit den dazu bestimmten Organen »instrumentum vel vas«[185], Glied oder Scheide, durchgeführt wurden. Jede Lustsuche außerhalb der geschlechtlichen Vereinigung war als Verbrechen wider Gott und die Welt streng diskriminiert. In unserem Fall war nicht einmal eines der probaten Organe beteiligt – in Anlehnung an den Perversionsdiskurs könnte man von doppelter Inversion sprechen –, und die Aufforderung, sich von jemandem im Wege des anal-oralen Verkehrs sexuell befriedigen zu lassen, kam also der Zumutung gleich, dem so Angegangenen eine solche sexualmoralisch perhorreszierte Perversion zuzutrauen.

185 Jerouschek 1991, S. 286 f. Die bei Payer 1984, S. 29 mitgeteilten Befunde lassen es immerhin für möglich erscheinen, dass die anale Fellatio bereits im frühen Mittelalter Thema der Pönitentialliteratur war.

VI. Deutungsperspektiven

1. Synchronie versus Diachronie

Die Einnahme einer solchen rechtstheologischen Deutungsperspektive, wie sie hier versucht wird – und deren Beachtlichkeit auch Kröll einräumt[186] –, ist freilich in der Literatur höchst umstritten. In jüngerer Zeit haben vor allem Eibl-Eibesfeldt und Sütterlin sich vehement gegen einen interpretatorischen Primat der Theologie ausgesprochen.[187] Dieser Kritik – sie wäre auch gegen Kröll[188] oder Weir/Jerman[189] zu richten – ist jedenfalls so viel zuzugeben, dass sie auf die Gefahr einer »Interpretation mit Scheuklappen« aufmerksam macht. Denn eine Deutungsperspektive, die lediglich den zeitgenössischen theologischen Kontext – synchron – ins Auge fasst, hat Schwierigkeiten, älteres Material, das aus früherer Zeit

[186] Kröll 1994, S. 67 unter Berufung auf Jerouschek 1991.

[187] Eibl-Eibesfeldt/Sütterlin 1992, S. 255.

[188] Kröll 1994.

[189] Weir/Jerman 1986, S. 22 u.ö.: luxuria und avaritia als allgemeine Interpretationsfolie.

zugewachsen ist und womöglich noch den Verständnishorizont mitbestimmt, angemessen zu berücksichtigen.

Dass Ausdrucks- und Darstellungsweisen, deren Bedeutung – Semiotik – vor Zeiten noch selbstverständlich war, irgendwann nicht mehr oder nicht mehr voll verstanden werden, kommt freilich gar nicht selten vor.[190] So verweist Kislinger auf zwei unterschiedliche Interpretationen des weiblichen Schamweisens: Als sassanidische Truppen zu Beginn des 6. Jhs. n. Chr. eine byzantinische Festung belagern und sich angesichts der Aussichtslosigkeit bereits zum Rückzug anschicken, quittieren dies die Verteidiger mit Spott und Hohn. Dirnen gehen soweit, dass sie dem persischen Großkönig von der Brüstung aus ihre Scham präsentieren. Persische Priester legen diesen Tabubruch, der Männern zeige, was ihnen von Rechts wegen nicht zustehe, als gutes Omen aus: Die Stadt werde bald preisgegeben sein. Diese Deutung entfacht neuen Mut, und binnen kurzem ist die Stadt erobert.[191]

Abgesehen davon, dass auch dieser Bericht Prokops darauf verweist, dass im Altertum kaum das für unseren Themenzusammenhang einschlägige Gesäßweisen, sondern vielmehr das genitale Schamweisen geübt wurde[192], zeigt der folgende Bericht, dass er durchaus von einem kulturspezifisch unterschiedlichen Verständnis des Schamweisens ausgeht. Im Jahre 960/61 versuchen die Byzantiner, das von den Muselmanen eroberte Kreta zurückzugewinnen. Vor

[190] Keller-Bauer 1984, S. 95: die Metapher kann zum Idiom werden.

[191] Kislinger 1992, S. 377.

[192] So bereits Müller-Jabusch 1936, S. 149.

den Mauern Irakleons trägt sich das umgekehrte Schauspiel zu: Eine Dirne rezitiert Beschwörungsformeln und lüpft gegenüber den Belagerern ihren Rock. Die sich verhöhnt fühlenden Belagerer erobern die Stadt, und der Chronist Leon Diakonos schärft seinen Landsleuten ein, den Feind ja nicht zu schmähen, um ihn nicht zu erhöhtem Wagemut aufzustacheln.[193]

Interessant ist in beiden Beispielen, dass die Geste des Schamweisens zwar jeweils für anstößig gilt, ihre Funktion aber kulturspezifisch unterschiedlich ausfällt. Signalisiert sie den Persern Kapitulation, so treten im zweiten Beispiel magisch-apotropäische und beschämende Funktionsweisen bei derselben Symbolhandlung zusammen. Ebenso wie es kulturspezifisch-synchrone Verständnisunterschiede gibt, gibt es auch diachrone. Am einfachsten lässt sich dieser Vorgang noch anhand der häufigen Fehlinterpretationen illustrieren. So findet sich etwa im durchaus informierten Kunstführer des Erfurter Chorgestühls eine Figur abgebildet[194], die mit den Fingern die Mundwinkel auseinander zieht und dem Betrachter das Gesicht mit aufgerissenem Mund darbietet. Die Figur ist in der Legende als »Pfeifender« ausgewiesen. In Wirklichkeit handelt es sich aber um einen sog. »Zanner«, eine Figur, die die Zähne bleckt und die Mundwinkel mit den Fingern auseinander zieht und bis in die frühe Neuzeit europaweit nachzuweisen ist (Abb. 7, 27, 28, 29).

Wäre es nun aber so, dass dem zeitgenössischen theologischen Kontext ein Primat bei der Deutung zukäme,

[193] Kislinger 1992, S. 378 f.

[194] Friedrich 2001, S. 18.

dann könnten ältere, unter Umständen auch vergessene, verblassende, abergläubische oder pagane Bedeutungen nicht mehr angemessen berücksichtigt werden. Würde man die Deutung von Spielleuten, Bleckern, Zannern, Grimassierern, Meerjungfrauen und Exhibitionisten als Skulpturen an oder in mittelalterlichen Kirchen lediglich vor dem Hintergrund des theologischen Lasterkataloges deuten, wie dies Weir und Jerman vorgehalten wird[195], dann wäre es schlechthin unverständlich, weshalb Bernhard von Clairvaux für das Entfernen solcher Blecker und Zanner von bestehenden Sakralbauten und das künftige Unterbleiben der Anbringung solcher Figuren eingetreten sein sollte[196], wenn diese doch theologisch unanstößig waren!

Um ein weiteres Beispiel anzuführen: Heute besteht offenbar Einigkeit darüber, dass die vor allem im mediterranen Bereich verbreitete Geste des Feige-Weisens (italienisch »far la fica«, französisch »faire la figue«, spanisch »dar la higa«) »die Vulva mit ihrer ob der ähnlichen Form seit alters her gängigen Umschreibung als Feige« repräsentiert.[197] Gemeint ist die Geste der geballten Faust mit dem zwischen Zeige- und Mittelfinger eingeklemmten Daumen. Wenn freilich der Antike die Feige als süßeste Frucht auch als Symbol für den Anus des Lustknaben geläufig war[198], wird man auch an eine Penetrationssymbolik im Sinne eines phallischen Dominanzgestus zu denken haben. Sie findet sich

195 Vgl. Kislinger 1992, S. 388.

196 Eibl-Eibesfeldt/Sütterlin 1992, S. 413.

197 Kislinger 1992, S. 386.

198 Centarella 1992, S. 26.

auch als Amulett eines römischen Soldaten, der unter Varus oder Germanicus kurz nach Christi Geburt bei Kalkriese umgekommen war (Abb. 30)[199], desgleichen auf einer hellenistischen Bronze-Statuette.[200]

Dunkel bleibt die Geste bei dem so genannten »Mädchen von Windeby«, einer Moorleiche, die 1952 im Domlandsmoor auf der Gemarkung Windeby bei Eckernförde gefunden wurde. Auffällig ist hier, dass der Zeigefinger nicht zwischen Zeige- und Mittelfinger, sondern zwischen Mittel- und Ringfinger steckt[201], und es ist nicht einmal auszuschließen, dass die Verrenkung der Finger eine natürlich-unwillkürliche Folge postmortaler Veränderungen der Gliedmaßen darstellt. Für wahrscheinlich halte ich das nicht, und so stellt sich die Frage, was die unzüchtig-apotropäische Geste zu bedeuten hat: Verweist sie spiegelnd auf das ruchlose Unzuchtsverbrechen, für das das Mädchen zur Strafe im Moor den Göttern geopfert wurde? Oder war sie, wozu ich neige, den Peinigern des unglücklichen Mädchens zugedacht, gemacht noch in der Agonie?

Offenbar sollte diese gemeinverbindliche Bedeutung der »welschen Gewohnheit«[202] zu Beginn der Neuzeit

---

199 Abb. in Frankfurter Allgemeine Sonntagszeitung vom 1.2.2004.

200 Nachweis bei Deonna 1914, S. 62. Für den Literaturhinweis bedanke ich mich bei Univ.-Lekt. Lic. phil. Günther E. Thüry, Salzburg/Rottenburg.

201 Abbildung in Spiegel 20, 14.5.2005, S. 156.

202 Zu dieser Kennzeichnung durch Johannes Pauli vgl. Müller-Jabusch 1936, S. 280.

nicht mehr genügen: Nach Bernardo Corio und Rabelais rekurrierte das Feige-Weisen auf eine Auseinandersetzung, die Kaiser Barbarossa mit Mailand hatte. 1162 hätten die Mailänder Kaiserin Beatrix zur Schmach auf einem Maulesel rittlings durch die Stadt geführt. Barbarossa rächte diese schmachvolle Behandlung dadurch, dass er eine Feige in die Scheide einer Eselin stecken und sie von den Mailändern mit den Zähnen wieder herausholen ließ. Sie mussten sie dem Henker mit den Worten »ecco la fica« vorweisen und wieder zurückbugsieren.[203] Die verbreitete Geste war mithin an der Wende vom Mittelalter zur Neuzeit einer Bekräftigung durch die Rückführung auf eine legendäre Begebenheit bedürftig.

2. Sheela-na-gig als Prototyp

Gegen die von der volkskundlichen Forschung verbreitet behauptete apotropäische Bedeutung des Bleckens, gerichtet gegen den bösen Blick, hat Katrin Kröll die fehlenden Belege eingewandt.[204] Ansatzpunkt für ihren eigenen Erklärungsversuch war zunächst die Synonymie von Blecken und Zannen in den mittelalterlichen und frühneuzeitlichen Darstellungen. Beide Gebärden dienten der Verhöhnung und erschienen als austauschbare Ausdrucksgebärden.[205] Mitunter treten sie paarweise auf.[206] Am Chorgestühl des

[203] Ebd., S. 281; Hughes 1993, S. 261.
[204] Kröll 1994, S. 241 f.
[205] Ebd., S. 243.
[206] Ebd., S. 248.

Ulmer Münsters finden sie sich zwar nicht paarweise, doch immerhin sind hier abwechselnd Genitalweiser (Abb. 3), Blecker (Abb. 10), Zanner (Abb. 29) und Zungenherausstrecker (Abb. 32) zu sehen. Hinzu kommt, dass vor allem bei den frühen Bleckern die bereits erwähnte Gebärdenvariante vorherrscht, bei der bei gebeugtem Rumpf der Kopf zwischen den Beinen hervorschaut, bisweilen zugleich zannend.[207] In dieser Darstellungsweise imponieren die Blecker regelmäßig auch durch das genitale Schamweisen (Abb. 1, 8, 9) , so dass die Dominante des Ausdrucks gar nicht eindeutig auszumachen ist.

Für das Herausstrecken der Zunge bei den Zannern findet sich im oberdeutschen Sprachraum verbreitet die Bezeichnung »lälle«, Zunge, wovon sich weitere Bezeichnungen für Tollpatsch ableiten.[208] Auffällig ist des Weiteren die Disproportionalität von Zannern und Bleckern, wobei der Präponderanz von Bleckern im hohen Mittelalter eine solche von Zannern im späten Mittelalter zukommt.[209] Dafür ist im hohen Mittelalter die im späten Mittelalter häufige Gebärde des Beinespreizens, die Kröll aber als Andeutung einer Entblößung versteht[210], nicht relevant; statt dessen sieht sich bei den zumeist weiblichen Bleckern die Scham unmittelbar präsentiert. Aus diesen Merkmalen

---

207 Abbildung bei Kröll 1994, S. 245.

208 Vgl. Lale, Lälle, Lälli, Lällenpeppel im Schwäbisch-Alemannischen, Lallefatsch im Thüringischen. Vgl. auch nordengl. lolly = Zunge.

209 Kröll 1994, S. 249, 258.

210 Ebd. 1994, S. 244: »Bekleidete Entblößung«.

und deren Abwandlungen schließt Kröll auf einen Prototyp sowohl der Blecker wie auch der Zanner, der als Skulptur diesen gewissermaßen vorangeht. Es handelt sich um die sog. Sheela-na-gigs (Abb. 33).

Das Wort lehnt sich an die irisch-keltische Bezeichnung an, da die Sheela-na-gigs in Irland am häufigsten vertreten und am eingehendsten untersucht sind. Ihr Auftreten beschränkt sich aber keineswegs auf Irland, wie beispielsweise aus der Menge an Zuschriften mit Nachweisen im Rahmen einer Kampagne der französischen Zeitschrift »Le Canard enchaîné« 1975, die zu dem scheinbar skandalös unchristlichen Motiv recherchierte, erhellt.[211] Zeugnisse finden sich auch in England und in Deutschland. Stellt man in Rechnung, dass unzählige Exemplare aufgrund ihrer aus nachmaliger Sicht kaum zu überbietenden Anstößigkeit zerstört worden sind, Einzelexemplare sich aber in ganz Europa nachweisen lassen, ist von einer europaweiten Verbreitung auszugehen.

Die Sheela-na-gigs sind weibliche Idole, die dem Betrachter die Vulva weisen und idealtypisch diese bei gespreizten, angewinkelten Beinen mit den Händen auseinander ziehen. Ausgehend von diesem Gebärdenstereotyp bei den Sheelas findet Kröll sodann typische Merkmale bei den Bleckern und Zannern wieder[212], etwa das Beinespreizen. Namentlich das Blecken von Zähnen und Zunge lässt sich so als Verschiebung nach oben – nach Freudschem Verständnis – deuten, was nach Kröll einen Euphemismus einer

211 Eibl-Eibesfeldt/Sütterlin 1992, S. 88, 244.

212 Kröll 1994, S. 258 ff.

Entblößung der weiblichen Genitalien offenbart.[213] Ein Rückbezug auf die antiken Mythen der Baubo (Abb. 34) und der Gorgonenfratze ist immerhin denkbar.[214] Pagane »Unterströmungen«[215] werden zwar für nicht ganz ausgeschlossen gehalten, jedoch wird einer christlich-magiekritischen Deutung der Vorzug gegeben: Dies gelte gegenüber einer apotropäischen Deutung umso mehr, wenn sich – wie dies Kröll dann auch gelingt – bibelexegetische Referenzstellen ausweisen ließen.[216]

3. Überdeterminierung

Für die Zanner im Sinne einer Verschiebung von unten nach oben ist Krölls Deutung durchaus überzeugend, umso weniger gilt dies freilich für die Blecker. Was mich aber an der gesamten Statik des Argumentationsgebäudes nicht so recht zu überzeugen vermag, ist, dass es implizit den Vorrang einer möglichst eindeutigen Aussage unter Vorrang einer theologischen Kontextreferenz postuliert. Dabei drängt sich hier aus psychohistorischer Sicht die Einnahme einer Perspektive der Überdeterminierung, in der sich unterschiedliche Bedeutungen wie Sedimente überlagern, geradezu auf. Aus einer übergreifenden vergleichend-anthropologischen Perspektive heraus ist die Aussage durchaus gerechtfertigt, dass weder die apotropäische

[213] Ebd., S. 260.
[214] Ebd., S. 261, 263.
[215] Ebd., S. 265.
[216] Ebd., S. 266.

Gebärdensprache noch diejenige der Beschämung des anderen beliebig sind, sondern auf ein Körperreservoir rekurrieren. Als basale »Symbolspender« fungieren die sexuellen und exkrementellen Funktionen dienenden Körperteile, wobei letztere häufig in einem sexualisiert-perversen Kontext stehen. Für das Schamweisen wie auch für das Gesäßweisen erübrigt sich damit der Rekurs auf die Sheela.

Wie entscheidend die Einbeziehung des kulturspezifisch-mediävistischen Kontextes mitunter sein kann, zeigt ein kaum mehr auflösbares Dilemma, das sich der ungebrochene Rückgriff auf Vorbilder aus der Verhaltensforschung einhandelt. Hier sieht sich die Frage aufgeworfen, wie sich das Götz-Zitat bzw. die Bleck-Gebärde mit der von Primaten her bekannten Beschwichtigungsgebärde des Präsentierens des Hinterteils, um dem dominanten Tier – auch dem weiblichen – das Aufreiten anzubieten, verträgt.[217] Dass in der Antike dem weiblichen Schamweisen apotropäische Bedeutung zukam, um Wind und Wetter zu trotzen, ist unstreitig, und hier mag man auch darüber rechten, ob der Gebärde beschwichtigende oder provokative oder gar ambivalente Bedeutung zukommt. Dass

---

[217] Eibl-Eibesfeldt/Sütterlin 1992, S. 243. Zur kontroversen Diskussion vgl. Fehling 1988, S. 320. Aus psychoanalytischer Sicht wirkt das von Fehling 1988, S. 317 angeführte Beispiel, in dem die zweieinhalbjährige Tochter dem Autor das manuelle Auseinanderziehen der Schamspalte vorführt, »ohne anderen Anlass als den, dass sie gerade ausgezogen worden war«, nachgerade berückend.

[218] Müller-Jabusch 1936, S. 144.

sie mehrdeutig war und sogar gegensätzlich verstanden werden konnte, wurde bereits gezeigt.

So wird man die »linge culum Octavi«-Gravur, lecke Octavus den Arsch, an einem römischen Schleuderblei als ironisierende Wendung der unterwürfigen Liebkosung verstehen können, während die für das Jahr 41 v. Chr. nachgewiesene Geschossaufschrift »peto culum Octavii«[218], ich ziele auf den Arsch des Octavus, auf einen phallischen Überwältigungsgestus verweist.[219] Nach meinem Dafürhalten ist hier davon auszugehen, dass in den Beschämungskontext auch die Zumutung der Einnahme einer passiv-homosexuellen, gleichsam weiblichen, Unterwerfungshaltung – wie im Falle des Pompeji-Graffitos – hereinspielte.[220] Für das Mittelalter ist dieser Streit aber wenig fruchtbar, da es sich sowohl bei der im Götz-Zitat enthaltenen Aufforderung wie auch bei den Bleckern keineswegs um eine Beschwichtigungsgeste handelt, sondern um eine schnöde provokativ-depotenzierende. Diese Einsicht erschließt sich freilich nur vor dem Hintergrund der mittelalterlichen Sexualmoral, der die Aufforderung des Götz-Zitats die Zumutung der Ausführung einer schmachvoll-perversen Sexualhandlung bedeutete.

Dabei ist keineswegs zu verkennen, dass das Darbieten des Gesäßes zur Penetration auch kulturell, und das sogar synchron, als Unterwürfigkeits-, Ehrerbietungs- oder Beschwichtigungsgestus vorkommt. Zu nennen wären

---

219 Collofino 1939, S. 919.
220 Trexler 1995, S. 98 ff.

hier etwa die Prostration bzw. Proskynese, das Auf-den-Boden-werfen der Adepten zum Empfang der Priesterweihe in katholischem Ritus, die Metanie mit dem Berühren des Bodens bei gleichzeitig emporgereckter Gesäßpartie im orthodoxen Ritus, sowie die vergleichbare Gebetshaltung im islamischen Ritus. Wie gesagt, rekurriert der Ergebenheitsgestus zugleich auf die passiv-homosexuelle, mit anderen Worten feminine Position und vollzieht sich so im Zeichen der Kastration. Nach Regino von Prüms Kirchenrechtssammlung aus dem frühen 10. Jahrhundert mussten sich die Anhängerinnen der paganen Gottheiten Herodias oder Diana im moselromanischen Raum ihrem Teufel »retro post sathanam conuersae«[221], rückwärts gewandt nähern. Im Mittelhochdeutschen nannte man diese verkehrte Haltung »erslingen«, ärschlings.

Damit soll keineswegs in Abrede gestellt werden, dass die christliche Umdeutung und Rationalisierung vorgängig paganer Motive ein höchstrangiges historiographisches Erkenntnisinteresse darstellen. Nicht zuletzt scheinen mir aber auch moderne Reduktionen auf theologische Referenzsysteme der Gefahr solcher Rationalisierungen zu erliegen. Wenn etwa Blecker und Zanner an unzugänglichen und uneinsehbaren Stellen wie im Chorgestühl angebracht sind, so scheint mir eine apotropäische Deutung dergestalt, dass die Figuren im Verborgenen ihr Unwesen treibende Geister abwehren sollten[222], durchaus überzeugend. Dabei ist auch eine sublimere Deutung, wie

[221] Jerouschek 1992, S. 28.
[222] Eibl-Eibesfeldt/Sütterlin 1992, S. 344.

sie etwa Metzger anstellt, keineswegs von der Hand zu weisen: dass nämlich z. B. der Faurndauer Blecker (Abb. 1) als dienstbarer Geist zugleich den Unbilden der Witterung im übertragenen Sinn wehren sollte, es also auch um die Bändigung »der inneren Stürme und Zornesblitze, der Leidenschaften und Begierden«[223] der im Presbyterium Versammelten ging. Der so genannte Faurndauer Blecker ist dabei ein umso spannenderes Exemplar, als er den Übergang von den Sheelas zu den Bleckern markieren dürfte. Mehr noch gilt dies für die »Bleckerin von Montbérault« (Abb. 8). Betrachtet man sie, so weiß man nicht recht zu sagen, ob sie nicht doch noch eine Sheela darstellt oder bereits eine Bleckerin ist. Wenn man hier ins Grübeln gerät, so ist dies freilich auch dem Erhaltungszustand, der beide Deutungen erlaubt, geschuldet. Dass die Faurndauer Plastik bislang als Blecker firmiert, sollte nicht über Gebühr irre machen, denn bei der Benennung war von der Existenz der Sheelas noch zu wenig bekannt, als dass man eine Verbindung hergestellt hätte. Umso vertrauter waren im süddeutschen Raum dafür die Blecker, und so lag es nahe, sie auch für einen solchen zu halten, zumal die Haarsträhne wie ein Zwirbelbart aussieht.

Dass der Glaube an Magie auch bei theologisch versierten Glaubensmännern bis in die frühe Neuzeit anzutreffen und auch propagiert worden ist, ist unabweisbar. Ich möchte sogar dafürhalten, dass dies ganz allgemein und cum grano salis bis heute gilt. Anhand der Hexenverfolgungen vom 15. bis zum 17. Jh. lässt sich beispielsweise

[223] Metzger 1972, S. 71.

der Nachweis führen, dass hier die Angst vor Magie mit – kirchlich mehr oder weniger approbierter – Magie bekämpft wurde.[224]

Bei Phänomenen wie den Bleckern müssen wir mithin in Rechnung stellen, dass sich hier dominante und latente Bedeutungen überlagern und dass es gerade die latenten – im psychologischen Verständnis unbewussten bzw. besser ethnisch[225] oder kulturell unbewussten[226] – Bedeutungen sein mögen, denen sich die Persistenz von mit der elaborierten Doktrin eigentlich nicht mehr konformen Präsentationen verdankt. Wenn offenbar Abwehrzauber und Schmähung bzw. Beschämung in einen inneren Zusammenhang zu stehen kommen, so erklärt sich das schon von daher, dass Abwehrzauber den Dämon ja depotenzieren soll. Er soll Ängste bannen und suggeriert narzisstische Integrität. Dem dient nicht zuletzt auch die depotenzierende Verhöhnung des Dämons, nur dass gerade dadurch dessen Existenz ihre unwillkürliche Bestätigung erfährt.

---

224 Jerouschek, Recht und Magie. Zur Kriminalisierung volksmagischen Brauchtums seit dem späten Mittelalter, Sammelband zum Symposion »Magie und Theurgie« (Leitung: Prof. Dr. Meinolf Vielberg, im Erscheinen).

225 Zum ethnisch Unbewussten vgl. bereits Devereux 1978, S. 77 f., 131 ff. Vgl. auch Devereux 1982, S. 11 ff. Die Originalbeiträge sind aus den Jahren 1955 bzw. 1970.

226 Vgl. das Plädoyer für die Ersetzung des lamarckistischen Konzepts bei Freud durch ein kulturelles Unbewusstes von Assmann 2004 sowie die Entgegnung von Eickhoff 2004, der das biologistische Verständnis von Freuds Lesart des Lamarckismus mit guten Gründen hinterfragt.

4. Vom Eros zum Schmutz

Nach der hier eingenommenen Perspektive dürfte eine Wurzel für das abschätzige Verständnis des Götz-Zitats im Sexualdiskurs der mittelalterlichen Rechtstheologie liegen, und die ihm innewohnende Obszönität war nicht, jedenfalls ursprünglich nicht tonangebend, von analen Reinlichkeitsphantasmen diktiert. Die Überlagerung des sexualmoralischen Widernatürlichkeitsparadigmas durch den Ekel im Rahmen des Schmutz-Reinlichkeitsdiskurses stellt eine spätere Entwicklung dar.[227] Der hier nachgezeichnete Vorgang der Desexualisierung – für Freud nichts weniger als die Voraussetzung für die Sublimierung[228] – des analen Bereichs findet seine Entsprechung in einer Studie von Michael Schröter, die für die Intimisierung der Hochzeitsnacht den nämlichen Trend zur Desexualisierung nachzuweisen vermochte. Nachgerade schlagend ist das bei Schröter angeführte Beispiel der Überarbeitung eines Schwanks von Heinrich Kaufringer. Der Purgator des 16. Jhs. radierte konsequent alle »Hoden« seiner Vorlage aus und ersetzt sie durch

[227] Dass die Analität dem Schamkonflikt eine ganz besondere prototypische Qualität verleiht, daran möchte ich trotz der relativierenden Feststellung von Hilgers 1997, S. 1164; ders. 1996, S. 18, 189 f., der die Annahme einer engen Verbindung von Analität und Scham für obsolet hält, festhalten. Wahrscheinlich wird dies Hilgers nicht einmal bestreiten wollen, vgl. Hilgers 1996, S. 190, desgleichen Wurmser 1998, S. 96 ff.

[228] Freud 1976 (1923), S. 274.

»Hosen«, und das sogar um den Preis verkümmernder Pointen.[229]

Allerdings verbietet es sich für den von mir verfolgten Zweck, von einer »regressiven Betonung der Analität«[230] zu sprechen, denn die Einnahme einer zivilisationsprozessualen Perspektive würde sogar die progressive Indienstnahme der Analität zum Zwecke der Vermeidung oraler Regression im Zuge der Verdrängung genitaler Sexualität nahe legen, worauf der in individualpsychologischer Manier regressiv zu beurteilende Modus den Blick verstellt. Michael Schröter selbst hat der vorliegend eingenommenen Deutungsperspektive insoweit auch Rechnung getragen, als er bei der Revision seines Beitrags für eine Zweitveröffentlichung den erwähnten Passus gestrichen hat.[231]

Die Verstetigung des Prozesses der analen Fixierung zu Lasten der Genitalität lässt sich auch an einem sprachgeschichtlichen Beispiel demonstrieren: Im 18. Jahrhundert werden im deutschen Sprachraum zwei Begriffe greifbar, die bis heute den Gegensatz zum Berufsbürger, zu Professionalität und Wissenschaftlichkeit abschätzig artikulieren: Der aus dem Italienischen entlehnte Begriff des Dilettanten und der des Amateurs aus dem Französischen. Von ihrer Ausgangsbedeutung her meinen beide Begriff dasselbe, nämlich den Liebhaber, und das durchaus auch im

[229] Schröter 1997, S. 157 f.

[230] Schröter 1991, S. 404.

[231] Schröter 1997, S. 153. Wie verführerisch freilich die scheinbar selbstverständliche Assoziation von anal und regressiv ist, mag man daraus ersehen, dass »regressiv« wenig später stehen geblieben ist, ebd., S. 160.

geschlechtlichen Sinne. Dahinter scheint aber noch eine frühere, existentiellere und damit auch bedrohlichere Liebesbeziehung vor, die des Säuglings zu seiner Mutter. Der Amateur leitet sich nämlich vom lat. amare ab, das wiederum auf die mamma, die Mutterbrust rekurriert, während der Dilettant, vermittelt über lat. delectare, auf lac und lactare, die Milch und das Saugen/Säugen zurückgeht.[232]

Wenn aber der Analerotisierungsschub im 16. Jahrhundert im Verein mit dem abwehrbedingten Reinlichkeitsdiskurs eine neue Entwicklungslinie markiert, so lässt sich hieraus eine Reihe von Folgerungen und psychohistorischen Perspektiven ableiten. Dabei bin ich mir durchaus bewusst, dass der hier verfolgte Ansatz, der entwicklungsgeschichtlich für den mitteleuropäischen Kulturraum auf den analen Kontext von Schmutz und Ekel insistiert, die geläufige funktionalistische These, Schmutz sei schlicht das, was fehl am Platze und damit ordnungsbedrohend sei[233], unterläuft, indem er versucht, den spezifischen psychischen Hintergrund des jeweils deplaziert Erachteten zu erschließen. Erkenntnis leitend ist für mich ein Vorverständnis, dass dem Menschen – und das durchaus im anthropologischen Sinne – keineswegs unbegrenzte Verhaltensoptionen zukommen, sondern dieses Repertoire auf basale lebensgeschichtliche Erfahrungen rückverwiesen bleibt.

---

[232] Jerouschek 1991, S. 303.

[233] Douglas 1988, S. 208. Hierzu Menninghaus 1999, S. 151 f., vgl. bereits Freud 1976, S. 206.

Wie aus der Psychopathologie der Neurosen bekannt, kostete auch die »Analisierung« der abendländischen Zivilisation ihren Preis. Allerdings dürfte gerade die vorliegende Studie auch nahe gelegt haben, dass die wohlverstandenen Plädoyers – sie finden sich bereits bei Ferenczi[234] – für die Abschaffung der berüchtigten »Analdressur« ebenso wenig ohne Risiken wie deren verdrängende Überstrapazierung sind und, jedenfalls a limine betrieben, Gefahr laufen, den Teufel mit dem Beelzebub auszutreiben. Schon der Begriff lässt ja die Rigidität der Abgewandtheit nachempfinden und leugnet gleichsam jede Möglichkeit zugewandter Bestärkung bei der Reinlichkeitserziehung. Von daher wird immerhin verständlich, wenn Freud sich ein neurotisches Krankheitsbild ohne Beteiligung des Analen gar nicht erst vorstellen konnte.[235]

Ich möchte nicht verhehlen, dass mir die bürgerliche Produktionsweise mit ihrem unbewussten Bemühen um die Hervorbringung der wohlgeformten Kotstange unumwundene Wertschätzung abringt, solange diese nicht der Fetischisierung anheim fällt. Insoweit verstehen sich meine Ausführungen durchaus auch auf eine Rehabilitierung der Analität und deren Reintegration in den genitalen Eros und ihrer gern denunzierten Sekundärtugendhaftigkeit.[236] Eigenschaften wie Verlässlichkeit, Reinlichkeit, Arbeitsamkeit, Pünktlichkeit, auch Rechenhaftigkeit bis hin zu einer gewissen Zwanghaftigkeit u.ä.m., welche nach

---

234 Ferenczi 1970a, S. 176.

235 Jones 1984, S. 389.

236 Grunberger 1974, S. 519 m. Fn. 2.

klassischer psychoanalytischer Lesart als anale Reaktionsbildungen imponieren, werden womöglich erst dann wertgeschätzt und vermisst, wenn man sie gründlich ausgetrieben und ruiniert hat. Man wird dafürhalten müssen, dass erst durch die Desexualisierung die auf die Reaktionsbildungen verwandte Besetzungsenergie frei wurde. Sicher kann man mit den beschriebenen Sekundärtugenden auch ein KZ betreiben[237], mit den übrig bleibenden Primärtugenden – welche auch immer das dann sein werden – aber kein Katasteramt mehr.

[237] Angespielt wird hier auf eine Aussage Oskar Lafontaines zu Beginn der 80er Jahre. Seinem damaligen innerparteilichen Widersacher, Bundeskanzler Helmut Schmidt, hielt er vor, dass die von diesem beschworenen Sekundärtugenden wie Pflichtgefühl, Berechenbarkeit, Machbarkeit, Standhaftigkeit auch dazu geeignet seien, ein KZ zu betreiben.

VII. Überlegungen zu einer Kultur vergleichenden Psychologie der Verwerfung

1. Analität und Deutschtum – ein deutscher Sonderweg?

Last but not least stellt sich – vielleicht etwas unvermutet – sogar hier die Frage nach einem »deutschen Sonderweg«[238], woran unlängst Hans-Martin Gauger auch aus sprachwissenschaftlicher Sicht erinnert hat. Freilich müsste man den Sonderweg doch etwas erweitern und nach Skandinavien verlängern. Wie bereits zuvor für den angloamerikanischen Sprachraum angemerkt, bedienen sich längst nicht alle Sprachen zum Ausdruck der Verwerfung – bzw. der Abjektion, um einen von Julia Kristeva gebrauchten Begriff[239] einzuführen – des Lexikons des Analen, wie dies aber Léon

---

[238] Gauger 1999, S. 49, 46. Die Möglichkeit nationaler Charakterisierungen geben auch Schröter 1991, S. 411 und Jerouschek 1991, S. 303; 1996, S. 254 f. zu bedenken.

[239] Kristeva 1980; vgl. hierzu Menninghaus 1999, S. 517 f.

Wurmser zu wähnen scheint.[240] Auch die romanischen Sprachen im mediterranen Kulturraum jedenfalls bevorzugen hierfür eindeutig eine genitale Metaphorik und Symbolik, die sich zudem geschlechtsspezifisch aus einem phallischen Überwältigungsgestus speist.[241] Einem genitalen Modus folgt auch das Ungarische mit Bezügen zu Perversionen aus hetero- und homosexuellen sowie inzestuösen Verkehrsformen.[242] In diesen Sprachen finden sich mit Vorliebe auch indirekte Verunglimpfungen, die auf Fehltritte der Eltern rückverweisen, wie Bastard oder Hurensohn. Nicht, dass Sprachakteure wie etwa französische oder angloamerikanische, auch ungarische, keine anale Metaphorik kennten, um Pejorisierungen auszudrücken, nur rangiert diese im Vergleich zur genitalen weit dahinter und ist letzterer wohl auch an kommunikativer Prägnanz unterlegen. Im Deutschen hingegen fristet die genitale ein noch marginales Dasein, auch wenn sich im juvenilen Jargon anglizistischer Rezeption geschuldete Verschiebungen abzeichnen.[243]

Dass die von Gauger zur Differenzialdiagnose etwas unbeschwert als der Erklärungsbedürftigkeit enthoben

---

240 Wurmser 1998, S. 142.

241 Gauger 1999, S. 45 f.; danach gilt dies auch für die slawischen Sprachen.

242 Für die Hinweise bedanke ich mich bei Dr. Attila Barna, Budapest.

243 Mit »hinterfotzig« als genitaler Ausnahme von der analen Regel im deutschen Sprachraum hat sich Gauger 1999, S. 47 allerdings vertan. Hinterfotzig gehört zu bair. Fotze = Mund, Gosche, Gesichtspartie und meint soviel wie hinterrücks. Mit der weiblichen Scham hat der Begriff, den ich zu lat. facies stellen möchte, also zunächst nichts zu tun. Freilich könnte

bemühte Gleichung, im Deutschen werde »Negatives mit an sich schon Negativem – mit Exkrementellem oder Fäkalischem« [244] – bezeichnet, nicht einfach aufgeht, wurde bereits ausgeführt: den Fäzes kommt nichts weniger als die Funktion eines an sich schon negativen »Metaphernspenders«[245] zu, sie werden es erst, bedingt durch in der primären Sozialisation vermittelte Aneignung. Dass ihnen eine gewisse Nähe hierzu schon aufgrund des irgend notwendigen Erwerbs der Sphinkterkontrolle eignet – inter faeces et urinam nascimur –, besagt noch lange nichts über Reichweite und Bedeutung für das jeweilige kulturelle Milieu. Gerade die divergente nationalsprachliche Subsumtion des zu Verschmähenden unter den analen resp. genitalen Primat markiert ja eine exquisite kulturelle Spezifität und zugleich auch Gebundenheit.

2. Analer und genitaler Habitus

Auch auf die Frage, ob das Exkrementelle uns vielleicht gar nicht so negativ erscheine[246], konnten wir, wie ich hoffe, überzeugend, eine affirmierende Antwort geben, die die Ambivalenz der Verdrängungsdynamik in Rechnung

man an eine hintergründige Verwandtschaft denken, da Fotze ursprünglich auch das Gesäß bedeutete, die Pudenda und das Gesäß aber nicht selten für das »zweite« Gesicht genommen wurden.

244 Ebd.

245 Ebd.

246 Gauger 1999, S. 49.

stellt.[247] Freilich muss man in die diesbezüglichen Erklärungsversuche auch die Überlegung mit einbeziehen, ob nicht die Analität im romanischen Sprachraum einer so drastischen Tabuierung unterworfen wäre, dass sie als Potential für Entwertung nicht taugte, was vice versa im Deutschen dann für die Genitalität gälte. Für wahrscheinlich halte ich eine solche Erwägung nicht[248], doch gibt immerhin zu denken, dass man in Analysen durchaus auf Fälle trifft, in denen das Sprechen über genitale Sensationen weitaus geringeren Schamschwellen begegnet als das über anale.[249]

Zwar könnte man geneigt sein, diesen Befund im Sinne des von Georges Devereux[250] vertretenen Ansatzes der kulturspezifisch komplementären Verteilung triebgespeister Phantasien im Verhältnis von latent und manifest zu interpretieren, jedoch geht es hier gar nicht um schlichte Latenz oder Manifestativität von Analität, sondern um einen Vorgang der Desexualisierung, wenn nicht Sublimierung. Hierfür ist Devereux' Theorie zu deskriptiv angelegt, und sie bedürfte einer Ausdifferenzierung, wenn nicht Reformulierung, um solche Prozesse zu erfassen. Umso triftiger scheint mir demgegenüber Devereux' These zu sein, dass die normative Persistenz frühkindlicher traumatischer Erfahrungen von dem Repertoire an Abwehrmechanismen abhängt, das eine spezifische Kultur bereithält.[251] Vor

247 So schon Freud 1976, Bd. VII, S. 207.

248 Vgl. ebenso Gauger 1999, S. 49.

249 Jones 2002, S. 274: »the final taboo«.

250 Vgl. Devereux 1978, S. 78 u.ö.

diesem Hintergrund gewinnt die anale Akulturierung ihre exquisite Bedeutung. Nicht weiter hilft hier übrigens Freuds Verweis auf das frühkindliche Sexualitätsverständnis, nach dem Sexuelles und Exkrementelles kaum oder gar nicht gesondert seien und ersteres letzteres einschließe.[252] Das erklärt zwar beider Eignung als Schmähpotential und die Anfälligkeit des Analen für Perversionen, nicht aber das Auseinanderdriften der Beschämungsprärogativen.

Die an sich zutreffende und pro domo gefällige Beobachtung, dass das der Analität entlehnte Beschimpfungsvokabular der penetrant-misogynen Grundtönung des genitalen entbehrt[253] – das anale Spektrum ist naturgemäß egalitärer –, wird freilich dadurch kontaminiert, dass die längste Zeit Frauen an ihrer Sexualehre, Männer an ihrer Berufsehre gekränkt wurden, und womöglich hat sich in der Gebärde des Zunge-Herausstreckens eine genital-exhibitionistische Beschämungsmetaphorik erhalten. Wenig ansprechend ist übrigens auch die Zuflucht zu Krankheiten und körperlichen Defekten wie blöd, doof, taub, siech[254], lahm, blind, dumm oder Krüppel, gern mit als entehrend geltenden Tieren wie Hund, Sau, Schwein, Kuh, Hirsch, Ochse oder Affe verknüpft, um Beschämungs- oder Entwertungsbedürfnissen Ausdruck zu verleihen. Es steht zu hoffen, dass Freud mit seiner Fest-

---

[251] Ebd., desgleichen Devereux 1982, S. 11 f. u.ö.

[252] Freud 1978 (1905), Bd. VI, S. 106.

[253] Gauger 1999, S. 48.

[254] Die Deutung von Siech als Abfall bei Wurmser 1998, S. 143 geht fehl. Der Siech meint den Kranken, vgl. engl. sick.

stellung Recht behält, körperliche Gebrechen zu verlachen, habe sich der Gebildete abgewöhnt.[255]

3. Am Scheideweg: Geradewegs nach Auschwitz?

Endlich gibt die Herkunft dieser offensichtlichen Mentalitätsdifferenz nicht geringe Rätsel auf. Zu dessen Lösung möchte ich doch an die oben bereits vorgezeichnete Konfessionshypothese anknüpfen. Sie scheint mir von Gauger etwas vorschnell verworfen zu werden, wenn er auf die katholische Hälfte des deutschen Sprachraums verweist.[256] Jenseits der schieren Konfessionszugehörigkeit gibt es hier immerhin mit Reformation und Gegenreformation im Lichte des Auftriebs städtischer Zivilisationsträgerschaft komplementäre Moralisierungsanstalten säkularen Zuschnitts zu gewärtigen, die man heute weniger als Konkurrenzunternehmen als vielmehr unter dem Gesichtspunkt der gemeinsamen Zielsetzung zu würdigen gelernt hat. Ein solcher Ansatz scheint mir jedenfalls im Sinne eines Schubs nach Eliasschem Verständnis nach wie vor erkenntnisträchtig zu sein und widerspricht auch nicht der ebenfalls zu erwägen gegebenen longe durée des Deutschen Nähe zum Analen, das ihm als Erbe aus germanischer Vorzeit[257], und ein Stück

[255] Freud 1978 (1905), Bd. VI, S. 113.

[256] Gauger 1999, S. 49.

[257] Dundes 1984, S. 56 f. verweist hierfür auf den Bericht in Tacitus' Germania, demzufolge die Germanen ihre im Erdreich

weit über die Franken auch dem Französischen[258], zugewachsen sei.

Mehr zu denken könnte da schon der Befund geben, dass die anale Vorliebe des Deutschen – wie gezeigt – bereits zu vorreformatorischer Zeit greifbar wird. Nur wäre es historiographisch vermessen, wollte man annehmen, die Reformation wäre über Mitteleuropa völlig unvorbereitet hereingebrochen. Und es könnte aus psychohistorischer Sicht durchaus der anale Auftrieb gewesen sein, der der Aufnahme calvinischen, lutherischen und zwinglischen Gedankenguts entschieden Vorschub geleistet hat. Dass sich hier ein höchst fruchtbares Terrain für einen komparatistisch angelegten Forschungszugang erschließt, versteht sich fast von selbst.

Zuweilen will es mir aber scheinen, dass man sich eingedenk des deutsch-analen Sonderwegs zu exklusiv und unangefochten auf Auschwitz kapriziert. Das gilt zumal für die insoweit einäugige Studie von Dundes, wenn er etwa als schlagendes Beispiel für den typisch analen Nationalcharakter der Deutschen den Begriff Besitz, abgeleitet von der analen Tätigkeit des Sitzens, ins Feld führt[259], so als ob das engl. Possession[260] damit nichts gemein hätte! Auch die Bezeichnung »Anus

---

ausgehobenen Unterschlüpfe mit Dung bedeckt hätten. Zur germanischen Tradition des »Götzzaubers« vgl. auch Schramm 1967, S. 62.

[258] Gauger 1999, S. 47.

[259] Dundes 1984, S. 86.

[260] Abgeleitet von lat. sedere, sitzen.

Mundi«[261] für Auschwitz scheint mir nicht sonderlich spezifisch, fühlen sich doch junge Deutsche bereits am »Arsch der Welt«, wenn keine Diskothek, Internetbar oder – wenigstens früher – kein Kino vor Ort ist, und ebenso wenig verdient die Anspielung auf ein Pilatus-Zitat aus der Bibel bei Luther, wo vom Händewaschen die Rede ist, eine Hervorhebung mit »note the metaphor«.[262]

Dabei möchte ich einen germanischen Fluchtpunkt durchaus in Rechnung stellen, da die Prädominanz des analen Beschämungsmodus im nord- und westgermanischen Bereich gar nicht zu leugnen ist. Das gilt auch für das Jiddische[263], und dem Englischen, in dem die behauptete germanische Herkunft der four-letter-words jedenfalls für die analen Hauptbegriffe shit, turd, arse, fart zutrifft[264], ist er wenigstens nicht fremd. Cum grano salis gilt dies sogar für das Italienische und Spanische, wo man langobardische und gotische bzw. westgotische und suebische Einflüsse zu gewärtigen hat. Im Ungarischen wiederum hat man mit deutschen Einflüssen zu rechnen. Was mich letztlich von der germanischen Wurzel des Analen überzeugt sein lässt, ist die Existenz eines Kleidungsstückes, das eine eindeutige Nähe zum Analen aufweist: Die

---

[261] Dundes 1984, S. 134, unter Rückgriff auf Rubenstein, After Auschwitz.

[262] Ebd., S. 124.

[263] Für die Information bedanke ich mich bei Hugh Levy, London († 28.12.2003)

[264] Hughes 1993, S. 24.

Hosen. Bei der Bruch, der kurzen Hose, und den daran befestigten Beinkleidern, den Hosen, handelt es sich um eine germanische Eigentümlichkeit[265], die überdies ihren Namen von dem durch sie zu bedeckenden Körperteil, den Gesäßbacken, bezieht. An der Hose haben die Germanen, allem Sog zur Anverwandlung römischer Verfeinerung zum Trotz, bekanntlich festgehalten.

[265] Die verbreitete These, die Germanen hätten Wort und Sache von den Kelten übernommen, vgl. Wolter 1991, S. 21, ist sprachgeschichtlich wenig plausibel, so dass von einer Entlehnung in umgekehrter Richtung auszugehen ist.

VIII. Nachwort

1. Psychoanalytische Ausscheidungen

Um nicht missverstanden zu werden: Ich denke durchaus, dass die anale Prägung des Deutschtums ihren gewissen Anteil am Holocaust hat, vor allem an der bürokratischen Exekution des Vernichtungsprogramms und dessen unbewusster Motivierung in der Entsorgung schmutziger Infiltrate. Nur fürchte ich, dass andere Nationen vor der Verübung »asiatischer Taten« nicht etwa schon deshalb gefeit wären, weil sie nicht über so prägnante anale Fertigkeiten verfügten wie die Deutschen. Sich mit dieser Überzeugung in Sicherheit zu wiegen, wäre jedenfalls sehr verfänglich, und man würde über kurz oder lang eines besseren belehrt werden. Die deutsche Misere im 20. Jh. mit dem NS-Staat und dem Genozid an Juden war ja nicht zuletzt deshalb unvergleichlich, weil hier eine der alten europäischen Kulturnationen aus dem abendländischen humanitären Minimalkonsens ausgeschert war. Dabei konzentrierten sich schon die Hexenverfolgungen, die bis zu hunderttausend Frauen, seltener Männer, das Leben kosteten, auf das Heilige Römische Reich deutscher

Nation. Grauenhafte Ausmaße erreichten freilich auch die massenhaften Liquidationskampagnen in der UdSSR unter Stalin, und die Genozide auf dem Balkan nach dem Zerfall Jugoslawiens halten bis heute an, der von den Hutu an den Tutsi in Ruanda ist noch in frischer Erinnerung. Von Verschwörungstheorien lebt auch der islamisch-fundamentalistische Terror, der den Genozid an Juden und nichtmuslimischen Okzidentalen bzw. Christen predigt und, wie im Dschihad, nach Möglichkeit auch vollstreckt.

Der psychoanalytischen Wissenschaft wiederum muss es durchaus zu denken geben, dass die Propagierung der analen Phase in der frühen Psychoanalyse sich vor allem deutschen, deutsch-österreichischen oder wenigstens deutsch akkulturierten Psychoanalytikerinnen und Psychoanalytikern und ihrer dementsprechenden Klientel verdankt, von daher aber nicht ohne weiteres auf Angehörige anderer Nationen übertragbar und zu verallgemeinern ist.[266] Nicht zuletzt waren es aber fast durchweg Juden. Dessen eingedenk, kann man ohne weiteres darüber räsonieren, ob sich nicht die Kreativität des deutschen Judentums gerade dem Zusammenspiel von jüdischem Hang zur Vergeistigung – das sprichwörtlich verrückte Interpretieren – und der anal geprägten Produktivkraft im deutschen Kulturraum verdankt. Auch die von Brown vorgeschlagene Deutung des Freudschen Todestrieb-Konzepts im Lichte anal-destruktiver Phantasmen[267] scheint mir viel für sich zu haben.

[266] Dundes 1984, S. 80 f.

[267] Brown 1959, S. 230 ff., 232.

Umgekehrt scheint mir die Zuspitzung der analen Fixierung auf den deutschen Charakter bei gleichzeitiger Leugnung ihrer Bedeutsamkeit für andere europäische Nationalitäten nur einen, wenngleich signifikanten, Schritt in eine umfassendere Richtung zu markieren. Dabei geht es schlicht um die Frage, was – um eine von Steiner gewählte Formulierung aufzugreifen – »von dem Freud des alten Kontinents«[268] eigentlich übrig bleiben soll. Fast möchte man mittlerweile von einer zweifachen Diaspora[269] sprechen, die Freud beschieden war: die eigene im Londoner Exil, die seines Nachlasses in Amerika. Und zeugt nicht auch die im Schwange befindliche Verabschiedung der »anstößigen« psychosexuell-triebtheoretischen Fundierung der Freudschen Psychoanalyse aus dem derzeit herrschenden Diskurs zugunsten narzisstischer, selbstpsychologischer und objektivbeziehungstheoretischer Konzepte von der Entmächtigung und Entäußerung eines ihrer deutschen Elemente?

Ich hoffe jedenfalls, anhand der psychohistorischen Aufbereitung einer Beschämungsformel einigermaßen überzeugend dargetan zu haben, wie sich der Narzissmus des triebgeschichtlich zugewachsenen Inventars bedient, um etwa, wie hier am Beispiel des Götz-Zitats, einer narzisstischen Kränkung retorsiv Ausdruck zu verleihen. Überdies steht zu vermuten, dass sich historische Veränderungen und kulturspezifische Differenzen dem dialektischen Zusammenspiel beider Sphären, der narzisstischen

---

[268] Steiner 2000, S. 262.

[269] »Diaspora« geht auf Anna Freud zurück, vgl. ebd.

wie der triebgeschichtlichen, verdanken. Von daher mutet die Postulierung eines Vorrangs einer der beiden oder gar die eines Exklusivitätsverhältnisses zwischen Narzissmus- und Triebtheorie unsinnig an. Dies gilt notabene sowohl für die therapeutische wie auch für die kulturwissenschaftliche Nutzanwendung der Psychoanalyse.

Dass, wo man sich zum Zwecke der Historisierung des psychoanalytischen Instrumentariums bedient, vorgebliche psychoanalytische Dogmata, etwa die Ubiquität des Ödipuskomplexes, einer Hinterfragung bedürfen[270], liegt in der Konsequenz des hier verfolgten Ansatzes. Dass dieser selbst der klassischen Psychoanalyse verpflichtet ist, muss ja nicht eigens betont werden.

In diesem Zusammenhang gibt auch zu denken, wie viele der von Freud und seinen Schülern für die Psychoanalyse entwickelten Begriffe erst mühsam und eingestandenermaßen unscharf ins Englische übersetzt wurden, um dann, wie alter Wein in neuen Schläuchen, unhinterfragt als Modernisierungstermini reimportiert zu werden. Und wie leicht aus einer Fehlübersetzung ein Fehlverständnis resultiert, hat Erik H. Erikson des Öfteren in Erinnerung gerufen.[271] Dies gilt etwa für den Freudschen Begriff der Einfühlung, für den sich die Stracheys mit »empathy«[272] behelfen mussten. Nur, was verspricht man sich im Deutschen

[270] Vgl. hierzu bereits die Erwägungen bei Jerouschek et. al. 1997, S. 25 zur Historisierung denunziatorischen Verhaltens. Desgl. Jerouschek 1995.

[271] Vgl. etwa Erikson 1982, S. 80 ff.

[272] Bensch/Keutner 2000, S. 290.

davon, fast ausnahmslos von Empathie zu sprechen und das Wort Einfühlung(svermögen) so gut wie nicht mehr in den Mund zu nehmen? Warum sind ichgerecht und ichfremd fast obsolet, ich-synton und ich-dyston dagegen en vogue?[273] Ähnlich verhält es sich mit dem für die psychoanalytische Terminologie nachgerade klassischen Begriff des Abwehrmechanismus: Hier war das englische defense zu »bad«[274], mit Hilflosigkeit und Passivität konnotiert, um für eine Übersetzung zu taugen. Man griff deshalb lieber auf to cope zurück, das dem Freudschen Verständnis recht nahe kam. Ist es nur die Unkenntnis des historischen Zusammenhangs oder auch die Verheißung gewähnter Modernität, wenn neuerdings die coping-Strategien den Abwehrmechanismen den Rang ablaufen oder steckt nicht mehr dahinter? Der Vorwand, es handle sich eben um etwas Neues und Anderes, will jedenfalls nicht so recht überzeugen, hatte doch schon Domhoff dem Ansinnen widersprochen, sich damit von Freud abzusetzen oder sich jenseits Freuds zu wähnen.[275] Beispiele für diese schon notorische Scheu ließen sich vermehren.

---

273 Dieser Fall begegnete M. Schröter anlässlich seiner Übersetzung großer Teile der Gesammelten Schriften von A. Freud; mündliche Mitteilung.

274 Domhoff 1970, S. 17, Fn. 31.

275 Ebd. Coping-mechanism kann auch ein Euphemismus für Penis sein.

2. Rück- und Ausblicke

Aufschlussreich ist hierfür eine Untersuchung von Michael Schröter über den Status der deutschen Psychoanalyse in der Nachkriegszeit.[276] Hiernach gefiel sich die »alte« berufsständische Vereinigung, die Deutsche Psychoanalytische Gesellschaft, irgendwie in der Attitüde behäbigen kassenfinanzierten Privatisierens. Die Ignoranz internationalen Entwicklungen gegenüber verdankte sich freilich auch der vom internationalen Dachverband geübten Ausgrenzungspolitik, die erst unlängst ein Ende fand. Die neu gegründete Deutsche Psychoanalytische Vereinigung hingegen, die von Anfang an den internationalen Anschluss suchte und sich als die elitärere geriert, legte eine merkliche Unterwürfigkeit an den Tag. Dabei erinnert das Klima der Nachschulungen durchaus an reeducation. Die mitunter unverhohlene Arroganz der Ausbilder traf sich mit willfährig-schuldbewussten Initianden, Verhältnisse, die Anklänge an den Abwehrmechanismus der Identifikation mit dem Angreifer nicht verleugnen lassen. Rückzug, Lethargie einerseits und Unterwerfung andererseits: Tertium non datur. So verständlich die beiden komplementären Verhaltensweisen auch sind, von Selbstbewusstsein, Couragiertheit und geistiger Beweglichkeit zeugen sie nicht gerade. Vielleicht waren sie aber einfach der Preis, den man so oder so für die Zugehörigkeit zum Dritten Reich und die damit verbundene Isolation zu zahlen hatte.

---

[276] Schröter 1999.

Eine Rückbesinnung auf Freud und seine Schule könnte dazu helfen, einen Standpunkt zu gewinnen, und fraglos wäre es ein so ehrgeiziges wie lohnendes Projekt und dazu noch ein psychohistorisches Desiderat, den Traditionslinien und Verästelungen, die zur Ausbildung des analen bzw. genitalen Habitus geführt haben, nachzuspüren, was sich zugleich als Plädoyer für eine historisch-vergleichende Sozialisationsforschung versteht[277], die vor den psychischen Weiterungen des Steckwindelns, der Reinlichkeitserziehung, des Stillverhaltens oder, last but not least, der Säuglings- und Jünglingsbeschneidung nicht halt macht.

[277] Für eine Anwendbarkeit des ethnopsychoanalytischen Instrumentariums Parin 1978, S. 72 f. Als Vorbild könnte etwa Eriksons Erkundung der »russischen Seele« mit Rücksicht auf das Steckwindeln gelten, vgl. Erikson 1999, S. 379 ff.

Literaturverzeichnis

Abraham, Karl (1971): Eine Deckerinnerung betreffend ein Kindheitserlebnis. In: Cremerius, Johannes: Karl Abraham, Psychoanalytische Studien, Bd. II. Frankfurt a.M. (S. Fischer), S. 247–253.

Altmeyer, Johannes (2000): Narzissmus, Intersubjektivität und Anerkennung. In: Psyche 2, 54 Jg. Stuttgart (Klett-Cotta), S. 143-171.

Assmann, Jan (2004): Sigmund Freud und das kulturelle Gedächtnis. In: Psyche 1, 58 Jg. Stuttgart (Klett-Cotta), S. 1-25.

Asfa-Wossen Asserate (2003): Manieren. Frankfurt a.M. (Eichborn).

Bec, Pierre(1984): Burlesque et Obscénité chez les Troubadours. Le contre-texte au Moyen Age. Paris (Stock).

Bensch, Rudolf und Keutner, Thomas (2000): Bspr. von Meisel, Perry und Kendrick, Walter (Hg.): Kultur und Psychoanalyse in Bloomsbury und Berlin, Stuttgart 1995. In: Psyche 3, 54. Jg. Stuttgart (Klett-Cotta), S. 285-290.

Bergmann, Ulrike (1987): Das Chorgestühl des Kölner Domes. Bd. 1: Text. Neuss (Neusser Druckerei und Verlag).

Beutin, Wolfgang (1987): Aggression als Kastration in Erzähltexten der Renaissance. In: Baumann, G.; Cremerius, J.; Mauser, W.; Pietzkker, C.; Wyatt, F. (Hg.): Freiburger literaturpsychologische Gespräche, Band 6. Würzburg (Königshausen & Neumann), S. 43 ff.

Beyschlag, Siegfried (Hg.) (1975): Die Lieder Neidharts. Darmstadt (Wiss. Buchges.).

Blume, Herbert und Rohse, Eberhard (Hg.) (1991): Hermann Bote. Städtisch-hansischer Autor in Braunschweig. Tübingen (Niemeyer).

Max Brod, Franz Kafka (1976): Der Prozess. In: Max Brod (Hg.), Franz Kafka, Gesammelte Werke, Bd. II. Frankfurt a.M. (Fischer).

Brown, Norman Oliver (1959): Life against Death: The Psychoanalytical Meaning of History. London (Routledge & Kegan Paul).

Burghartz, Susanna (1988): Leib, Ehre und Gut. Zürich (Chronos) 1990 (Diss. phil. Basel).

Calvin, Jean (1955): Institutio christianae religionis. Dt. Übersetzung von Otto Weber. Neukirchen.

Carstensen, H.T. und Henningsen, W. (1989): Die Emmelsbüller »Judensau«. Zur Ikonographie einer Steinritzung. In: Holstein, H. (Hg.): Beiträge zur Kunst- und Kulturgeschichte 58, S. 8-16.

Centarella, Eva (1992): Bisexuality in the Ancient World. New Haven (Yale University Press), S. 26.

Collofino (1939): Non Olet oder Die heiteren Tischgespräche des Collofino über den Orbis Cacatus. Köln.

Deonna, W. (1914): Le dévoilement prophylactique du corps. In: ASA (Anzeiger für Schweizerische Altertumskunde) NF 16, S. 62-66.

Devereux, Georges (1978): Ethnopsychoanalyse. Frankfurt a.M. (Suhrkamp).

Devereux, Georges (1982): Normal und anormal. Aufsätze zur allgemeinen Ethnopsychiatrie, 1. Aufl. Frankfurt a.M. (Suhrkamp).

Domhoff, G.W. (1970): Two Luthers: The Traditional and the Heretical in Freudian Psychology. In: Psychoanalytic Review 57, S. 5

Douglas, Mary (1988): Reinheit und Gefährdung. Eine Studie zu Vorstellungen von Verunreinigung und Tabu. Frankfurt a.M. (Suhrkamp).

Dundes, Alan (1984): Life is like a Chicken coop Ladder. New York (Columbia Univ.Press).

Eibl-Eibesfeld, Irenäus und Sütterlin, Christa (1992): Im Banne der Angst. Zur Natur- und Kunstgeschichte menschlicher Abwehrsymbolik. München/Zürich (Piper).

Eickhoff, Friedrich-Wilhelm (2004): Über die »unvermeidliche Kühnheit«, »Erinnerungsspuren an das Erleben früherer Generationen« anzunehmen. Wie unentbehrlich ist der von Freud erschlossene phylogenetische Faktor? In: Psyche 18. Jg. Stuttgart (Klett-Cotta), S. 448-456.

Elias, Norbert (1978): Über den Prozess der Zivilisation, Bd. I. Frankfurt a.M. (Suhrkamp), 6. Aufl., passim.

Erikson, Erik H. (1999): Childhood and Society. London ca. 1950; dt. Kindheit und Gesellschaft. Stuttgart (Klett-Cotta).

Erikson, Erik H. (1975): Der junge Mann Luther. Eine psychoanalytische und historische Studie. Frankfurt a.M. (Suhrkamp) (englische Ausgabe New York 1958).

Erikson, Erik H. (1982): Lebensgeschichte und historischer Augenblick. Frankfurt a.M. (Suhrkamp) (englische Ausgabe New York 1975).

Fehling, Detlev (1988): Phallische Demonstration. In: Siems, Andreas Karsten (Hg.), Sexualität und Erotik in der Antike. Darmstadt (Wiss. Buchges.).

Fenichel, Otto (1972): Über Trophäe und Triumph. In: Ders.: Psychoanalyse und Gesellschaft. Frankfurt a.M. (Roter

Druckstock), S. 206-228 (erstveröffentlicht in: Int. Z. für Psa. und Imago 24. Jg. (1939), S. 258 ff.

Ferenczi, Sándor (1970): Über obszöne Worte. In: Balint, Michael (Hg.): Sándor Ferenczi, Schriften zur Psychoanalyse, Bd. I. Frankfurt a.M. (Fischer), S. 35-71.

Ferenczi, Sándor (1970a): Zur Nosologie der männlichen Homosexualität (Homoerotik). In: Balint, Michael (Hg.): Sándor Ferenczi, Schriften zur Psychoanalyse, Bd. I. Frankfurt a.M. (Fischer), S. 163-197.

Franck, Sebastian (1534): Weltbuch-Spiegel (Morhart).

Freud, Sigmund (1972): Drei Abhandlungen zur Sexualtheorie, Die sexuellen Abirrungen. In: Freud, A. et. al. (Hg.), Sigmund Freud, Gesammelte Werke, 5. Aufl., Bd. V. , S. 33-72. London (Imago Publishing).

Freud, Sigmund (1978): Der Witz und seine Beziehung zum Unbewussten. In: Freud, A. et. al. (Hg.), Sigmund Freud, Gesammelte Werke, 6. Aufl., Bd. VI, S. 1-269. London (Imago Publishing).

Freud, Sigmund (1976): Charakter und Analerotik. In: Freud, A. et. al. (Hg.), Sigmund Freud, Gesammelte Werke, 6. Aufl., Bd. VII, S. 203-208. London (Imago Publishing).

Freud, Sigmund (1976): Das Ich und das Es. In: Freud, A. et. al. (Hg.), Sigmund Freud, Gesammelte Werke, 8. Aufl., Bd. XIII, S. 237-289. London (Imago Publishing).

Friedrich, Verena (2001): Das Chorgestühl der Domkirche Beatae Mariae Virginis zu Erfurt. Passau (Kunstverlag Peda).

Fritz, Gerd (1998): Historische Semantik. Stuttgart (Metzler).

Gast, Lilli (1992): Libido und Narzissmus. Tübingen (Edition diskord).

Gast, Lilli (1997): Metamorphosen des Narzissmus. In: Psyche 1, 51. Jg. Stuttgart (Klett-Cotta), S. 46-75.

Gauger, H.M. (1999): Sprache und Sexualität. In: Merkur, 53, S. 40 ff.

Goethes sämtliche Werke in 40 Bänden (1869): Bd. 9. Stuttgart (Klett-Cotta).

Goethe, Johann Wolfgang von (1773): Götz von Berlichingen mit der eisernen Hand. Ein Schauspiel (O.O.).

Goudsblom, Johann (1979): Zivilisation, Ansteckungsangst und Hygiene. In: Gleichmann, P.; Goudsblom, J.; Korte, H. (Hg.): Materialien zu Norbert Elias Zivilisationstheorie. Frankfurt a.M. (Suhrkamp), S. 215-253.

Grimm, Jacob und Wilhelm, Deutsches Wörterbuch, 1852 ff.

Grössinger, Christa (2002): Humour and Folly. In: Secular and Profaue Prints of Northern Europe, S. 1430-1540. London/ Turnhout (Harvey Miller Publ.).

Grunberger, Béla (1974): Gedanken zum frühen Über-Ich. In: Psyche. Stuttgart (Klett-Cotta), S. 508 ff.

Grunberger, Béla (1977): Vom Narzissmus zum Objekt. Frankfurt a.M. (Suhrkamp) (frz. Erstausgabe 1971).

Hansen, Joseph (1901): Quellen und Untersuchungen zur Geschichte des Hexenwahns und der Hexenverfolgungen im Mittelalter. Bonn (Georgi).

Hergemöller, Bernd-Ulrich (1996): Krötenkuss und schwarzer Kater. Warendorf (Fahlbusch).

Heidemann, Kira (1991): »Grob und teutsch mitnammen beschryben.« Überlegungen zum Anstößigen in der Schwankliteratur des 16. Jahrhunderts. In: Bachorski, H.-J.: Ordnung und Lust. Trier (Wiss. Verlag), S. 415-426.

Hildesheimer, Wolfgang (1977): Mozart. Frankfurt a.M. (Suhrkamp).

Hilgers, Micha (1997): Schamkonflikte bei stationären psychotherapeutischen Behandlungen. In: Psyche 12, 51. Jg. Stuttgart (Klett-Cotta), S. 1161-1183.

Hilgers, Micha (1996): Scham. Gesichter eines Affekts. Göttingen/Zürich (Vandenhoeck & Ruprecht).

Honegger, Peter C. (1973): Ulenspiegel. Ein Beitrag zur Druckgeschichte und zur Verfasserfrage. Neumünster (Wachholtz).

Hughes, Geoffrey (1993): Swearing. A Social History of Foul Language, Oaths and Profanity in English. Cambridge Mass. (Blackwell).

Jakob, U. (Hg.) (1994): Schopenhauer, Parerga und Paralipomena. Zürich.

Jerouschek, Günter (1991): Diabolus habitat in eis – Wo der Teufel zu Hause ist. Geschlechtlichkeit im rechtstheologischen Diskurs des ausgehenden Mittelalters und der frühen Neuzeit. In: Bachorski, H.-J. (Hg.): Ordnung und Lust. Trier (Wiss. Verl.), S. 281-305.

Jerouschek, Günter (1992): Die Hexen und ihr Prozess. Esslingen/Sigmaringen.

Jerouschek, Günter (Hg.) (1992): Malleus Maleficarum 1487, von Heinrich Kramer (Institoris). Hildesheim, Zürich, New York (Olms) (Jerouschek 1992a).

Jerouschek, Günter (1995): Juristen am Abgrund: Die Schöppen zu Halle und der Hexenwahn. In: Goydke, Jürgen u.a. (Hg.): Vertrauen in den Rechtsstaat, Festschrift für Walter Remmers. Köln, Berlin, Bonn, München (Heymann), S. 703.

Jerouschek, Günter (1995): Bspr. von Meyer zur Capellen et al., Die Erhöhung der Frau. In Psyche 9/10, 49. Jg. Stuttgart (Klett-Cotta), S. 1007-1011.

Jerouschek, Günter (1996): Friedrich von Spee als Justizkritiker. In: Zeitschrift für die gesamte Strafrechtswissenschaft 108. Berlin (de Gruyter), S. 243.

Jerouschek, Günter; Marßolek, Inge & Röckelein, Hedwig (Hg.) (1997): Denunziation, Historische, juristische und psychologische Aspekte. Tübingen (Ed. diskord).

Jerouschek, Günter (2000): Hexenangst und Hexenverfolgung. Zu Traumatisierung und Kriminalisierung in der frühen Neuzeit. In: Fischer, G.; Mauser, W.; Pietzcker, C. und Gutjahr, O. (Hg.): Jahrbuch für Literatur und Psychoanalyse, Band 19. Würzburg (Könighausen & Neumann), S. 79-95.

Jerouschek, Günter und Behringer, Wolfgang: Heinrich Kramer (Institoris): Der Hexenhammer. Malleus Maleficarum. Eingeleitete Neuübertragung ins Deutsche, München (dtv) 2000; 2. Aufl., 2001; 3. Aufl. 2003.

Jerouschek, Günter (2003): Heinrich Kramer – Zur Psychologie des Hexenjägers. In: Mensching, G. (Hg.): Gewalt und ihre Legitimation im Mittelalter, Symposium des Philosophischen Seminars der Universität Hannover 2002. Würzburg (Könighausen & Neumann), S. 113-137.

Jones, Malcolm (2002): The Secret Middle Ages. Gloucestershire.

Jones, Ernest (1984): Sigmund Freud. Leben und Werk, Band 2. Bern (dtv).

Jöst, Erhard (1976): Bauernfeindlichkeit. Die Historien des Ritters Neithart Fuchs. Göppingen (Kümmerle).

Keller-Bauer, Friedrich (1984): Metaphorisches Verstehen. Eine linguistische Rekonstruktion metaphorischer Kommunikation. Tübingen (Niemeyer) (Diss. phil. Tübingen 1982).

Kislinger, Ewald (1992): Anasyrma. Notizen zur Geste des Schamweisens. In: Blaschitz, G. (Hg.): Symbole des Alltags – Alltag der Symbole. Festschrift für Harry Kühnel zum 65. Geb. Graz (Dt. Verl.anst.), S. 377-394.

Klein, Tim (1817): Luther, Deutsche Briefe, Schriften, Lieder, Tischreden, ausgewählt (...) von Dr. Tim Klein. München/Ebenhausen/ Leipzig.

Könneker, Barbara (1991): Ulenspiegel als Satire? In: Blume, H. und Rohse, E. (Hg.): Hermann Bote, Städtisch-hansischer Autor in Braunschweig 1488-1988. Tübingen (Niemeyer), S. 197-211.

Kristeva, Julia (1980): Pouvoirs de c'Horreur. Essai sur l'abjection. Paris (Essais).

Kröll, Katrin und Steger, Hugo (Hg.) (1994): Mein ganzer Körper ist Gesicht. Freiburg (Rombach).

Kröll, Katrin (1994): Der schalkhaft beredsame Leib als Medium verborgener Wahrheit. Zur Bedeutung von »Entblößungsgebärden« in mittelalterlicher Bildkunst, Literatur und darstellendem Spiel. In: Kröll, K. und Steger, H. (Hg.), S. 239-294.

Kröll, Katrin (1994): Die Komik des grotesken Körpers in der christlichen Bildkunst des Mittelalters. In: Kröll, K. und Steger, H. (Hg.), S. 11-105.

Lieberwirth, Rolf (Hg.) (1986): Christian Thomasius, Vom Laster der Zauberei. Über die Hexenprozesse. München (dtv).

Lorenzen-Schmidt, Klaus-Joachim (1978): Beleidigungen in schleswigholsteinischen Städten im 16. Jahrhundert. In: Kieler Blätter zur Volkskunde 10, S. 5 ff.

Moussaieff Masson, Jeffrey (Hg.) (1986): Sigmund Freud, Briefe an Wilhelm Fließ, transkribiert von Fichtner, G., dt. Bearbt. von

Schröter, M. Frankfurt a.M. (S. Fischer).

Menninghaus, Winfried (1999): Ekel. Theorie und Geschichte einer starken Empfindung. Frankfurt a.M. (Suhrkamp).

Metzger, Wolfgang (1971): Die romanische Stiftskirche in Faurndau und die Plastik ihres Ostgiebels. Der Bau und seine Symbolik. Weißenhorn (Konrad).

Müller-Jabusch, Maximilian (1956): Götzens grober Gruß. München.

Parin, Paul (1978): Der Widerspruch im Subjekt. Frankfurt a.M.

Parin, Paul; Morgenthaler, Fritz und Parin-Matthèy, Goldy (1972): Die Weißen denken zuviel. Psychoanalytische Untersuchungen in Westafrika. München (Kindler).

Paulus, Nikolaus (1910): Hexenwahn und Hexenprozeß vornehmlich im 16. Jahrhundert. Freiburg i.Br. (Herder).

Payer, Pierre J. (1984): Sex and the Penitentials. Toronto/Buffalo/London (Univ. of Toronto Press).

Röckelein, Hedwig (1994): Psychohistorie(n) zur Religions- und Kirchengeschichte. In: Kirchliche Zeitgeschichte. Göttingen (Vandenhoeck & Ruprecht), S. 11 ff.

Roy, Bruno (Hg.) (1977): L'humour érotique au XVe siécle. In: L'érotisme au moyen âge. Montreal.

Schalk, A. (1971): The Germans. Englewood Cliffs N.J.

Scheller, S. (Hg.) (1959): Grimmelshausens Simplicissimus Teutsch, unveränderter Nachdruck der Editio princeps (1669). Halle a.d.S.

Schild, Wolfgang (1997): Die Maleficia der Hexenleut«, Schriftenreihe des Mittelalterlichen Kriminalmuseums Rothenburg o.d.T., Nr. 1.

Schleifheim, German (1669): Hans Jakob Christoffel von Grimmelshausen: Der abendteuerliche Simplicissimus, Mömpelgart 1669. Berlin o. J.

Schmidt, A. (Hg.) (1979): Ein kurtzweilig lesen von Dil Ulenspiegel ... Leipzig (Faksimileausgabe des Drucks Straßburg 1519).

Schnabel, Hildegard (Hg.) (1969): Johann Fischart, Geschichtklitterung (Gargantua). Halle a.d.S.

Schnell, R. (1991): Das Eulenspiegel-Buch in der Gattungstradition der Schwankliteratur. In. Blume, H. und Rohse, E. (Hg.): Hermann Bote, Städtisch-hansischer Autor in Braunschweig 1488-1988. Tübingen (Niemeyer), S. 171-196.

Schramm, Heinz-Eugen (1967): LMIA. Des Ritters Götz von Berlichingen denkwürdige Fensterrede. Gerlingen (Körner).

Schröter, Michael (1991): Zur Intimisierung der Hochzeitsnacht im 16. Jahrhundert. In: Bachorski, H.-J. (Hg.): Ordnung und Lust. Trier (Wiss. Verlag), S. 359-414.

Schröter, Michael (1997); Erfahrungen mit Norbert Elias. Frankfurt a.M. (Suhrkamp).

Schröter, Michael (1999): Zurück ins Weite: Die Internationalisierung der deutschen Psychoanalyse nach dem Zweiten Weltkrieg. In: Bude, H. & Greiner, B. (Hg.): Westbindungen. Amerika in der Bundesrepublik. Hamburg (Hamburger Edition), S. 93-118.

Shachar, Isaiah (1974): The Judensau: A Medieval Anti-Jewish Motif and Its History. London.

Sowinski, Bernhard (Hg.) (1988): Heinrich Wittenwiler: Der Ring (mit Übers. u. Komm.). Stuttgart (Helfant-Ed.).

von Steigerwald, Frank (Hg.) (1731): Lebens-Beschreibung Herrn Gözens von Berlichingen, zugenannt mit der eisernen Hand. Nürnberg (Felßecker).

Steiner, Riccardo (2000): Die Zukunft als Nostalgie: Biographien von Mythen und Helden...? Bemerkungen über Jones' Freud-Biographie (Teil II). In: Psyche 3, 54. Jg. Stuttgart (Klett-Cotta), S. 242-282.

Toch, Michael (1993): Schimpfwörter im Dorf des Spätmittelalters. In: MIÖG 101, S. 311-327.

Trexler, Richard C. (1995): Den Rücken beugen. Gebetsgebärden und Geschlechtsgebärden im frühmodernen Europa und Amerika. In: Schreiner, K. (Hg.): Verletzte Ehre. Ehrkonflikte in Gesellschaften des Mittelalters und der frühen Neuzeit. Köln (Böhlau), S. 235-251.

Weber, M. (1922): Die protestantische Ethik und der Geist des Kapitalismus. In: Gesammelte Aufsätze zur Religionssoziologie I, 2. Aufl. Tübingen (Mohr), S. 17-206.

Weir, Antony und Jerman, James (1986): Images of Lust. Sexual Carvings on Medieval Churches. London (B.T. Batsford).

Wurmser, Leon (1998): Die Maske der Scham, 3. Aufl. Berlin (Springer).

Wießner, Edmund (Hg.) (1956): Der Bauernhochzeitsschwank »Meier Betz« und »Metzen hochzît«. Tübingen (Niemeyer) (ATB 48).

Wießner, Edmund (1936): Kommentar zu Heinrich Wittenwilers Ring. Leipzig (Reclam).

Wolter, Gundula (1991): Die Verpackung des männlichen Geschlechts. Eine illustrierte Kulturgeschichte der Hose. Marburg (Jonas).

Abbildungen

1. Faurndauer Blecker
Foto: Anton Hegele, Museum Stadt Göppingen

2. Wasserspeier als Bestandteil der dreigeteilten Gewändeplastik: Besuch Jungfrau Marias bei der hl. Elisabeth, über ihnen der Baldachin (himml. Jerusalem), unter ihnen Bleckerin und Zanner als Wasserspeier. Freiburger Münster, Anfang 15. Jh.
Foto: Katrin Kröll, Freiburg i.Br.

3. Genitalweiser am Chorgestühl Ulmer Münster, um 1469
Foto: Rainer Konrad, Ulm

4. Blecker am Chorgestühl Ulmer Münster
Foto: Rainer Konrad, Ulm

5. Blecker Dalum (Fünen). Kirche des ehem. Benediktinerinnenklosters, um 1520
Foto: Katrin Kröll, Freiburg i.Br.

6. Blecker im Chorgestühl im Münster von Alt-Breisach, um 1460
Foto: Katrin Kröll, Freiburg i.Br.

7. ›Maulaufreißer‹ (Zanner) mit entblößtem Phallus in einem Rankenfries der Krypta des Basler Großmünsters, 12. Jh. Foto: Katrin Kröll, Freiburg i.Br.

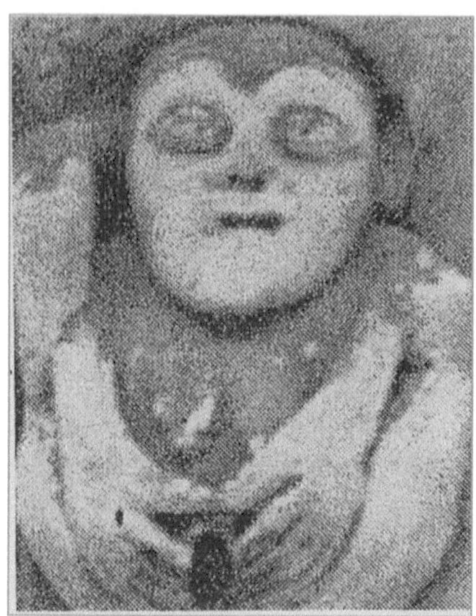

8. Bleckerin an einem Schlussstein in Montbérault (Aisne), 12. Jh.
Aus: J. Andersen, The Witch on the Wall, Kopenhagen 1977.

9. S Petro Cervatos 12. Jh., Blecker
Aus: Gabriele Bartz u.a. (Hg.), Liebesfreuden im Mittelalter, Stuttgart/Zürich 1994.

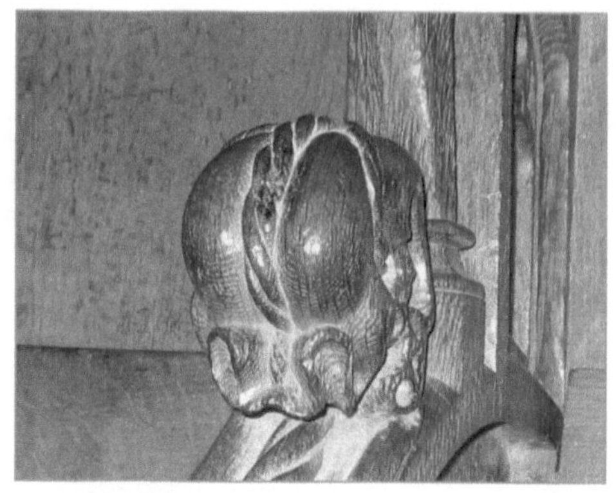

10. Blecker am Chorgestühl Ulmer Münster
Foto: Rainer Konrad, Ulm

11 Blecker Metz. Schießscharten an einem Wehrturm in Metz, Anfang 16. Jh.
Foto: Katrin Kröll, Freiburg i.Br.

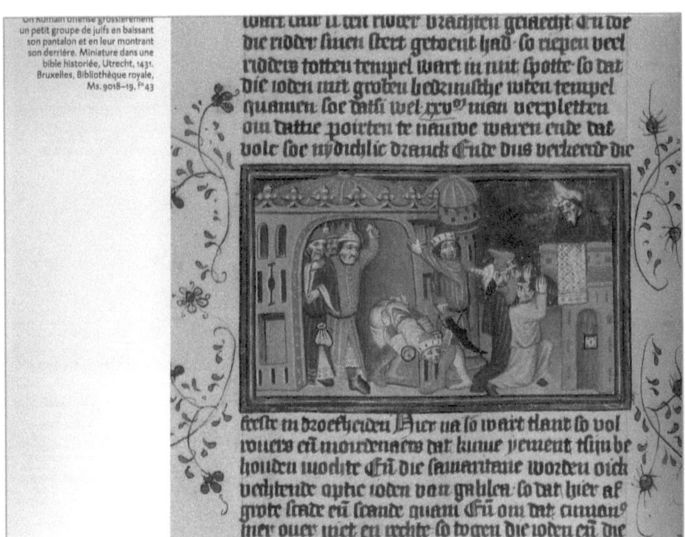

12. Blecker Utrecht
Foto: Katrin Kröll, Freiburg i.Br., aus: Walter Prevenier (Hg.), Le prince et le peuple. Antwerpen 1998

13. Blecker Münster (Friedenssaal), 16. Jahrhundert

14. »Butterhanne«. Bleckerin an einer Knagge des Hauses zum ›Brusttuch‹ in Goslar, 1517
Foto: Katrin Kröll, Freiburg i.Br.

15. Markolf: „Wie künig salomon selber zu dem loch kam“.
Illustration aus Frag und antwort Salomonis und marcolfi.
Druck von Marcus Ayrer, 1487
Foto: Katrin Kröll, Freiburg i.Br.

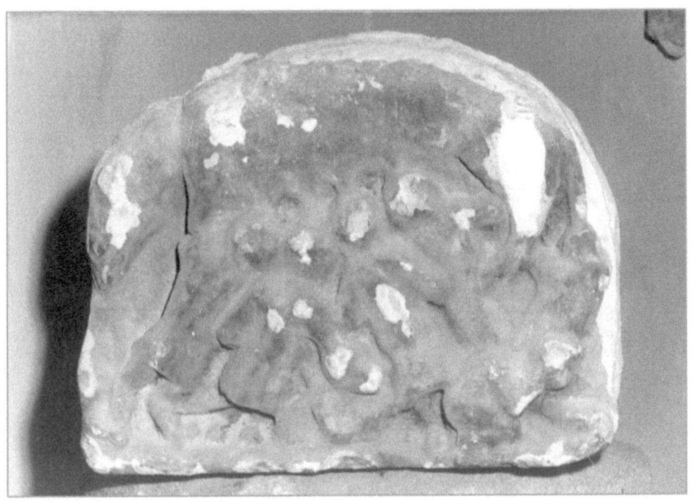

16. Judensau Wiener Neustadt
Foto: Stadtarchiv Wiener Neustadt

17. Judensau im Kreuzgang des Brandenburger Doms
Foto: Foto-Salge Brandenburg

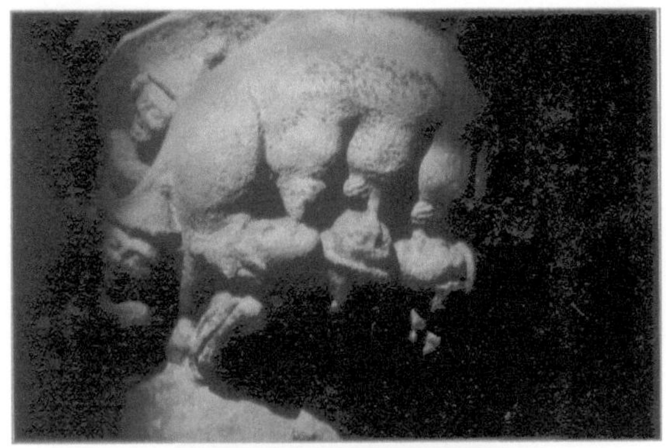

18. Judensau im Münster Heilsbronn (2 Bilder)
Fotos: Horst Schäfer, Heilsbronn

19. Judensau Lemgo
Foto: Stadtarchiv Lemgo, Frau Dr. Gisela Wilbertz

20. »Judensau am Vorburgtor« Cadolzburg
Foto: Hans-Werner Kress, Cadolzburg, ca. 2003

21. »Judensau am Vorburgtor« Cadolzburg
Foto: Hans-Werner Kress, Cadolzburg, aus: Oetter, Sam.Wilh., Gegründete Nachrichten von dem ehem. Burggräfl.-nürnb. und kurfürstl.-brdbg. Residenzschloß Cadolzburg zur besseren Belehrung einer in Bamberg herausgekommenen Deduktion ertheilet, Erlangen 1785.

22. Judensau Magdeburg
Foto: Hans-Werner Kress, Cadolzburg

23. Judensau Wittenberg
Foto: Hans-Werner Kress, Cadolzburg

24. Judensau Kelheim
Foto: Hans-Werner Kress, Cadolzburg

25. Judensau Erfurt
Foto: Gregor F. Peda, 94034 Passau

26. Judensau Basel
Foto: Hans-Werner Kress, Cadolzburg

27. Zanner Metz
Foto: Katrin Kröll, Freiburg i.Br.

28. Zanner im Chorgestühl im Münster von Alt-Breisach, um 1460
Foto: Katrin Kröll, Freiburg i.Br.

29. Zanner am Chorgestühl Ulmer Münster, um 1469
Foto: Rainer Konrad, Ulm

30. Phallusamulett von einem Pferdegeschirr
Foto: akg-images/Museum Kalkriese

31. Blecker Hv. Bingen Genitalblecker zweites Gesicht, 1538 Aus: Richard K. Emmersomn: The Representation of Antichrist in Hildegard of Bingen's Scivias. In: Gesta. International Center of Medieval Art. Bd. 41/1, Plate 1.

32. Zungeherausstrecker im Ulmer Münster
Foto: Rainer Konrad, Ulm

33. Sheela-na-gig an einem Schlußstein aus Kilpeck (Nähe Hereford), um 1140
Foto: Katrin Kröll, Freiburg i.Br.

34. Griechische Baubo-Statuette
Foto: Katrin Kröll, Freiburg i.Br., in: Nationalmuseum Kopenhagen

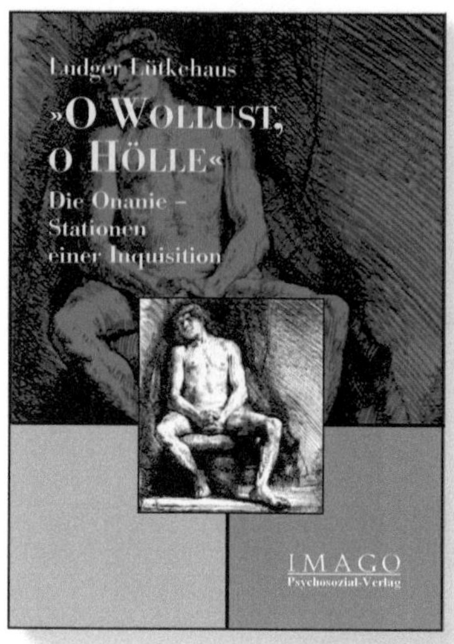

2003 · 288 Seiten · Broschur
EUR (D) 19,90 · SFr 34,90
ISBN 3-89806-251-1

Theologen und Moralphilosophen, Ärzte und Pädagogen haben die Onanie als Sünde und Laster, als Krankheit und Seuche verfolgt – und dies in einem Ausmaß und mit einer Brutalität, die an die Ketzer- und Hexenjagd erinnert. Die vorliegende Sammlung enthält zentrale Texte aus der Geschichte der Onanie-Inquisition, vom alttestamentarischen (Pseudo-) Paradigma bis zu Sigmund Freud. Zwei aufsehenerregende Dokumente von Mark Twain und zu Nietzsche sind darunter, dazu überraschende Entdeckungen bei Kant und Schopenhauer, Hölderlin und Kleist, Diderot und Flaubert, Strindberg und Tolstoj, Wedekind, Stefan Zweig und Thomas Mann. Die pointierte Einleitung des Autors umreißt die Geschichte der Onanie-Inquisition im epochalen Zusammenhang, diskutiert Ursachen ihrer Entstehung und kommentiert ausgewählte Texte so, dass aus der Perspektive des Onanie-Themas ein neues Licht auch auf die Biografie und das Gesamtwerk der Autoren fällt.

2005 · 244 Seiten · Broschur
EUR (D) 24,90 · SFr 43,00
ISBN 3-89806-482-4

Sigusch gewährt mit dieser Sammlung seiner besten verstreut publizierten Essays Einblicke in die Fragen, mit denen sich die Sexualwissenschaft befasst. Können Säuglinge einen Orgasmus haben? Wie sieht heute die Jugendsexualität aus? Ist der klitoridale Orgasmus reifer als der vaginale? Wie ist Aids vergesellschaftet worden? Welche Erkenntnisse haben sexuelle Experimente im Labor erbracht? Was ist natürlich am Sexuellen? Ist die Homosexualität angeboren oder erworben? Wie funktioniert die Paartherapie? Kann die Sexualität definiert werden? Was heißt Geschlechtswechsel?

Besonders reizvoll an diesem Buch ist die Spannung, die dadurch erzeugt wird, dass Sigusch neben leicht lesbaren Traktaten, wie »Von der Kostbarkeit Liebe«, theoretisch anspruchsvolle Beiträge, wie den »Satz vom ausgeschlossenen Geschlecht«, präsentiert. Ein lustvolles Lesevergnügen.

2004 · 166 Seiten · Broschur
EUR (D) 16,– · SFr 28,60
ISBN 3-89806-311-9

10 Variationen über Sexualität und alles, was mit ihr zusammenhängt: Liebe, Perversionen, Konflikte, Moral, Beziehungen, Familien – spannend, ein wenig verblüffend und durchaus provozierend.

Aus dem Inhalt:
Die Moral des Zustandekommens
Die partnerschaftliche und familiäre Revolution
Vom Trieb zum designten Verlangen
Vom Geschlechterkampf zum »Gendergame«
Perversionen oder Sex ist eine »fuzzy matrix«
Sexuelle Störungen oder die alltägliche Widerspenstigkeit der Sexualität
Liberal und zivil: Sexualität Jugendlicher
Über dritte, vierte und fünfte Geschlechter
Gibt es Heterosexualität?

www.ingramcontent.com/pod-product-compliance
Ingram Content Group UK Ltd.
Pitfield, Milton Keynes, MK11 3LW, UK
UKHW040026200726
13854UKWH00001B/377

9 783898 064835